国外国防科技年度发展报告（2021）

国防科技管理领域发展报告

GUO FANG KE JI GUAN LI LING YU FA ZHAN BAO GAO

军事科学院军事科学信息研究中心

国防工业出版社

·北京·

图书在版编目（CIP）数据

国防科技管理领域发展报告/军事科学院军事科学信息研究中心编著. —北京：国防工业出版社，2023.7
（国外国防科技年度发展报告.2021）
ISBN 978–7–118–12949–6

Ⅰ.①国… Ⅱ.①军… Ⅲ.①国防科学技术–科技发展–研究报告–世界–2021 Ⅳ.①E115

中国国家版本馆CIP数据核字（2023）第114458号

国防科技管理领域发展报告

编　　者	军事科学院军事科学信息研究中心
责任编辑	汪淳
出版发行	国防工业出版社
地　　址	北京市海淀区紫竹院南路23号　100048
印　　刷	北京龙世杰印刷有限公司
开　　本	710×1000　1/16
印　　张	15
字　　数	166千字
版印次	2023年7月第1版第1次印刷
定　　价	105.00元

《国外国防科技年度发展报告》
(2021)
编委会

主　　任　耿国桐

委　　员（按姓氏笔画排序）

王三勇　王家胜　艾中良　白晓颖
朱安娜　李杏军　杨春伟　吴　琼
吴　勤　谷满仓　张　珂　张建民
张信学　周　平　殷云浩　高　原
梁栋国

《国防科技管理领域发展报告》编辑部

主　　编　张代平
副 主 编　赵超阳　魏俊峰　卢胜军
执行主编　蔡文蓉

编　　辑（按姓氏笔画排序）

马　婧　王鑫运　申　淼　朱相丽
李宇华　杨亚超　杨湘云　张　燕
张永刚　郝继英　胡雅芸　袁政英
倪彤璐　高　洁　雷　帅　蔡文蓉

《国防科技管理领域发展报告》

审稿人员

方　勇　雷　帅　李　洁　袁有雄

撰稿人员（按姓氏笔画排序）

马　婧　王鑫运　卢胜军　申　淼
朱相丽　李宇华　杨亚超　杨湘云
张　燕　张代平　张永刚　赵超阳
郝继英　胡雅芸　袁政英　倪彤璐
高　洁　雷　帅　蔡文蓉　魏俊峰

编写说明

科学技术是军事发展中最活跃、最具革命性的因素,每一次重大科技进步和创新都会引起战争形态和作战方式的深刻变革。当前,以人工智能技术、网络信息技术、生物交叉技术、新材料技术等为代表的高新技术群迅猛发展,波及全球、涉及所有军事领域。智者,思于远虑。以美国为代表的西方军事强国着眼争夺未来战场的战略主动权,积极推进高投入、高风险、高回报的前沿科技创新,大力发展能够大幅提升军事能力优势的颠覆性技术。

为帮助广大读者全面、深入了解国外国防科技发展的最新动向,我们以开放、包容、协作、共享的理念,组织国内科技信息研究机构共同开展世界主要国家国防科技发展跟踪研究,并在此基础上共同编撰了《国外国防科技年度发展报告》(2021)。该系列报告旨在通过跟踪研究世界军事强国国防科技发展态势,理清发展方向和重点,形成一批具有参考使用价值的研究成果,希冀能为实现创新超越提供有力的科技信息支撑。

由于编写时间仓促,且受信息来源、研究经验和编写能力所限,疏漏和不当之处在所难免,敬请广大读者批评指正。

军事科学院军事科学信息研究中心

2022 年 4 月

前　言

2021年，随着全球战略环境的深刻变化和高新技术的进一步发展，世界主要国家以法律法规和战略文件为牵引，全面推进国防科技创新管理体制、运行机制、政策制度调整改革，快速将创新成果转化为作战能力。为系统跟踪世界国防科技管理改革趋势，军事科学院军事科学信息研究中心组织编写了《国防科技管理领域发展报告》。

本报告由三部分组成。综合动向分析部分包括2021年世界主要国家国防科技管理发展综述与创新发展综述，综合分析了2021年世界主要国家国防科技管理体制、创新活动、政策制度、技术转移、数字化工具建设等创新改革举措；分析了美国、俄罗斯、欧洲、日本、以色列国防科技管理综合情况。重要专题分析部分对组织管理、创新模式、样机研发、创新工具、政策法规等领域11篇专题进行了深入分析。附录部分叙述了2021年世界国防科技管理领域大事记。

由于时间仓促，且受信息来源、研究经验和编写能力所限，错误和疏漏之处难免，敬请各位专家和学者批评指正。

编者

2022年5月

目 录

综合动向分析

2021年国防科技管理领域发展综述 ……………………………………… 3
2021年国防科技创新发展综述 …………………………………………… 11
2021年美国国防科技管理发展综述 ……………………………………… 27
2021年俄罗斯国防科技管理发展综述 …………………………………… 35
2021年度欧洲国防科技管理发展综述 …………………………………… 43
2021年日本国防科技管理发展综述 ……………………………………… 57
2021年以色列国防科技管理发展综述 …………………………………… 76

重要专题分析

美军科研管理改革创新态势评析 ………………………………………… 89
样机研发：美军前沿技术转化为战斗力的加速器 ……………………… 98
美国国防部新型投资工具 ………………………………………………… 106
美国国防部联合人工智能中心管理举措分析 …………………………… 112
俄罗斯时代军事创新科技园运行管理分析 ……………………………… 121
日本国防科技创新管理的重大举措分析 ………………………………… 129
美军定位、导航与授时政策改革分析 …………………………………… 136

美国国防创新小组最新建设情况及发展动向分析 …………………… 144
美国国防部研究与技术局组织管理新进展 ……………………………… 152
拜登政府首份《国防授权法》科技要点解析 …………………………… 161
美国国防部网络安全漏洞众测模式分析 ………………………………… 168

附录

2021年国防科技管理领域大事记 ………………………………………… 175

综合动向分析

ZONG HE

DONG XIANG FEN XI

2021 年国防科技管理领域发展综述

2021 年，随着人工智能、量子等前沿科技快速发展与应用，世界国防科技创新进入活跃发展时期。世界主要国家推出多项国防科技管理创新举措，增设创新管理机构，频繁开展样机研发、兵棋推演、成果转化应用等活动，加强国防科技宏观指导，强化规划资金投量投向、路线图设计等工作，发挥统筹指导、引导引领作用。增强国防科技创新能力，提升本国战略竞争力。

一、调整创新组织管理体系，加速优化国防科技管理体制

2021 年，为适应新兴技术的快速发展，世界主要国家采取增设组织管理机构、强化创新集群建设、成立数字与软件专业化机构、重组太空研发组织体系等举措，为国防科技创新提供组织保障。

一是设立多类型创新管理组织。5 月，美国国防部成立"创新指导组"，由国防部研究与工程副部长担任组长，负责就科学、技术、转化等重大事项向国防部长提供决策建议。韩国成立国防技术规划与促进研究所，促进

国防技术规划与管理现代化，加强国防科技工业基础，提高军用技术国际竞争力。8月，美太空军成立熔炉创新小组，研究并生成太空军创新解决方案，建立广泛的专家网络，培养太空创新文化。

二是加强科技创新集群建设。前沿技术领域的交融发展，日益依赖跨学科研发协同，集群创新成为推进前沿发展的重要举措。1月，美国白宫成立国家人工智能计划办公室，美国国家科学基金会投资建立11个人工智能研究所，多领域推进人工智能技术发展。1月，日本政府建设产学政合作的量子技术创新基地，推进基础研究、技术验证、知识产权管理和人才培育，合力推动量子技术创新发展。

三是成立软件和数字化专业机构。国防科技创新发展离不开软件、数字化专业机构的支撑保障。4月，美国海军建立软件工厂，聚合国防工业、小企业、政府和学术界团队，快速推进软件开发、认证、试验、部署、运维，缩短软件采办周期。6月，美国空军成立数字化转型办公室，通过创立数字工程研发与推广中心、建立跨军种协同机制等，推进空军数字化转型。12月，美国国防部发布《设立首席数字与人工智能官》备忘录，宣布将于2022年2月1日设立国防部首席数字与人工智能官，统筹协调首席数据官办公室、联合人工智能中心和国防数字服务处等机构的相关工作，提升全军人工智能及数字技术能力。

四是重组太空组织管理体系。近年来，太空领域已成为世界主要国家科技竞争的高边疆。1月，法国启用航空航天战略研究中心，通过合作伙伴关系，促进空天军与学术界和民间社会的合作，促进航空航天技术创新。7月，英国和德国分别成立太空司令部，加强太空力量建设。8月，美国太空军将太空与导弹系统中心更名为太空系统司令部，负责监督下一代技术开发、卫星采购和发射服务，提升太空系统研发建设能力。8月，美国空军创新工场设立太空创新工场，以加速太空技术的探索和应用部署，推进太空技术创新发展与转化应用。

二、持续开展多样化创新活动，促成创新能力快速引入

随着军内外高新技术成果不断涌现，世界主要国家密集举办军事技术论坛、展览会、挑战赛等活动，充分挖掘和吸收全社会各领域的智慧和技术成果，发挥窗口效应宣传展示最新国防领域成果，实现创新能力的快速引入。

一是通过论坛与峰会吸纳全社会创新智慧。各类军事技术论坛和安全峰会是主要国家深化科技交流、捕捉技术机遇、探索新需求新概念的重要平台。6月，美国海军陆战队举行"认知突袭者"创新路径第三次研讨会，重点讨论在大国竞争背景下，人工智能、先进制造、生物科技、量子计算等前沿技术如何改变战术和战略。8月，美国白宫召开网络安全峰会，召集苹果、亚马逊、Alphabet、微软、摩根大通等知名企业参加，旨在提高政府、关键基础设施和私营部门的网络安全。8月，俄罗斯举行军队2021国际军事技术论坛，国防部、军种、军工联合体等展开前沿技术和武器装备创新研讨。

二是通过高技术展览会促成军地协同创新。高技术展览会是展示最新国防科技与装备成果的重要窗口，是深化军地合作协同、跨国军事合作的重要桥梁。9月，2021年度国际防务装备展在伦敦举行，全面展示世界主要国家前沿技术最新进展、武器装备最新发展动向，促进了各国之间的科技与装备合作。10月，美太空军举办商业展览会，推动太空军与其他军种和地方企业的合作，太空军将与工业界共享内部数字模型以加快能力建设。

商业展览会重点关注太空作战分析中心的首个能力设计（涉及天基导弹预警与跟踪整体架构），向工业界解释太空军的数字化运作流程，使工业界更早加入开发。

三是通过各类挑战赛实现创新能力快速引入。创新挑战赛是国防科技创新活动的重要举措，旨在选拔最优秀的创意和方案，引导全社会前沿创新成果向军事领域转化。2021 年，世界主要国家继续举办各类创新挑战赛，网络技术、无人系统、人工智能等成为热点。美国海军陆战队发起多项挑战赛，专注于探索新的网络技术与开发人工智能系统，支持海军"超越计划"工作。7 月，美国政府通过司法奖励计划征集黑客线索，对提供有关外国黑客针对美国关键基础设施进行恶意网络活动的信息实施奖励。

三、优化科技研发激励政策制度，最大限度激发创新活力

美国等国家实施样机研发政策，改进知识产权政策，优化国防合同管理制度，最大限度激发创新活力，借助民间力量推动国防科技创新。

一是实施样机研发政策。近年来，为巩固国防科技领先优势，有效应对大国竞争，美国更加重视样机研发策略。10 月，美国国防部发布《国防部样机指南》3.0 版本，样机研发嵌于联合能力技术演示验证、新兴能力技术开发、中间层采办等科研采办程序，突出作战需求牵引、验证演示与实战应用，通过样机研发推动前沿技术快速形成战斗力，加速构建军事战略竞争优势。

二是优化知识产权管理政策。知识产权问题是国防科技创新发展和民参军的主要制度难题。为加快引入民用领域先进技术、吸引更多非传统承包商服务国防，世界主要国家调整知识产权管理政策。5 月，韩国国防采办

项目管理局推出新版《知识产权管理指南》及相关专利政策，放宽对知识产权所有权的管理，允许私营企业持有10%～50%所有权，剩余所有权由国防发展局持有，以鼓励更多私营企业参与国防研发。

三是改进国防合同管理制度。为吸引更多企业参与国防项目，美国和日本不断优化合同管理制度。2021年，美国国防合同管理局披露《国防合同进度付款管理指南》相关内容，明确了美军按进度付款管理的要求，使承包商能更快获得合同经费，有助于激励小企业、维持供应链安全稳定。日本防卫省改进合同管理制度，通过多年期合同、自由合同等方式，加大合同激励力度，有助于汇聚各家企业的技术优势。

四、采用兵棋推演、技术转移等机制，推动跨越创新成果与能力的死亡之谷

跨越创新成果与能力的死亡之谷是世界主要国家科技成果转化应用的一个普遍难题。近年来，主要国家采用兵棋推演、技术转移等机制，促进科技成果快速转化应用；同时采用多种方式，促进民用尖端技术向军事领域转化。

一是建设兵棋推演实验室推动技术转化为战斗力。随着虚拟现实、增强现实和混合现实等技术的快速发展，建设兵棋推演实验室成为高效、快速推动军事技术场景化实验的重要手段。9月，美国空军建设高级兵棋推演实验室，以最先进的仿真和分析能力，为空军研究实验室在科特兰空军基地的定向能和航天器部提供支持，加速定向能等技术转化形成战斗力。同月，美国海军陆战队建设兵棋推演中心，可举行数百人规模的兵棋推演，模拟多个作战应用场景，通过3D兵棋推演，演练新作战概念、新战术、新

技术和新武器，推动新技术向战斗力快速转化应用。

二是持续实施技术转移计划促进成果转化应用。美国国防部和军种采用联合能力技术演示验证（JCTD）、新兴能力技术开发等方式，促进国防科技成果快速转化应用，加强国防基础研究、应用研究成果向武器装备全寿命各阶段转化。10月，研究与工程副部长办公室与联合参谋部、作战司令部和各军种合作，确定作战能力差距和填补能力差距的技术，开展大规模快速联合作战实验，推动原型样机快速转化应用于作战。10月至11月，美国陆军组织"会聚工程"第二轮作战实验，在7个设置场景中实验107种技术，把人工智能、自主、机器人系统整合至战术编队中，推进新技术综合集成并形成印太地区联合作战能力。

三是促进民用尖端技术转化应用。随着民用尖端技术的快速发展，2021年，美军继续通过国防创新小组、敏捷办公室、技术桥、创新工场等多种方式，加速民用尖端技术向军事领域转化应用。9月，日本防卫省计划发掘民用尖端技术转化应用于装备，防卫装备厅发掘日本重工、电机、电子零件制造商的自有尖端技术，向研发小型大输出功率电源、高精度传感器等相关技术的民营企业提供研发经费，在2～3年内择优挑选出若干先进技术，加速装备技术研发。

五、加强数字化设施和工具包建设，为国防科技创新发展提供基础支撑

数字化基础设施是信息技术时代向智能化时代迈进的重要基石。2021年，美国、英国、日本等国家强化数字化基础设施和智能化工具建设，推进建设联合靶场和试验设施，提升建模与仿真能力，为国防科技发展提供

基础支撑。

一是强化数字工程和数字能力建设。5月,美国国防部常务副部长签署"创建数据优势"备忘录,推进全军数据共享和数据应用。5月,英军发布《国防部数字战略》,建立数据基础,制定数据标准、数据治理框架,构建权威数据源,建立通用的数字工具和方法。6月,美国空军成立数字化转型办公室,通过创立数字工程研发与推广中心、扩建高速网络、建设跨军种协同机制,为相关部门提供研制、生产、部署、保障的全寿命周期数据支持。

二是强化自动化、智能化工具与设施建设。外军重视应用大数据、人工智能等技术,强化自动化、智能化工具与设施建设。5月,美国陆军为全域作战创建人工智能开发工具包,作为一个通用平台或虚拟工作台,包括可重复使用的算法、测试数据和开发工具。5月,英国国防部装备与保障总署出台《2025战略》,推进装备智能化试验鉴定,提升业务流程自动化水平,目标是2025年实现200多个自动化流程。美国国防高级研究计划局(DARPA)继续实施"工具箱"计划,与先进民用技术公司签订协议,使承担DARPA项目的研究团队可以应用其关键技术工具开展研发工作,提高研发创新效率。

三是强化联合靶场、试验设施建设。美印太司令部正在推进"半球靶场"建设,提升太平洋多域训练与试验能力,构建跨陆、海、空、天、网、电多域的战场环境。9月,日本防卫装备厅启动"舰艇装备研究所岩国海洋环境试验评估设施",高校、研究机构、民营企业在开展安全保障技术研究项目中,可以使用该试验设施。

2021年,在大国战略博弈日趋激烈的时代背景下,世界主要国家着眼长期战略利益,持续推进国防科技管理体制机制和政策制度调整改革,通过优化布局、开放协同、集群推进,最大限度地激发创新活力、推动前沿技术快速形成作战能力。

(军事科学院军事科学信息研究中心

张代平　卢胜军　赵超阳　魏俊峰　李宇华　张永刚)

2021 年国防科技创新发展综述

2021 年,世界格局割裂加剧,新兴和前沿科技发展迅猛,全球国防科技领域比拼发展态势更趋激烈。世界主要国家从政策、制度端发力,采取多项措施、手段加速推动国防科技创新,凸显出国防科技创新战略引领、强国对抗、实战牵引、人才争夺、集群式发展等鲜明特征,对国际战略格局和军事态势走向将产生重要影响。

一、强化政策制度变革,完善国防科技创新体系架构

2021 年,美国、俄罗斯、欧洲、日本等国家加强科技创新战略与政策指导,建立优化创新管理组织和平台,强化国防科技创新集群式发展,完善国防科技创新体系架构,推动国防科技快速创新发展。

(一) 重视创新战略规划指导

近年来,美国、俄罗斯、欧盟、日本等国家普遍采取了施行创新政策制度、设计顶层发展战略、周密部署行动计划等手段,深化国防科技创新发展,推动战略竞争。

美军持续加强"技术、作战理念和各种能力结合"的一体化威慑战略构想。通过对新技术进行大规模投资，保持技术优势并促进新兴技术的军事运用，强化把科技封锁和围堵作为压制中国的竞争手段。3月，美国发布《国家安全战略临时指南》，谋求实现和巩固美国长期战略优势。6月，美国国会参议院通过了《2021年美国创新与竞争法案》，致力提升科技、国土安全、教育等重点领域和半导体、5G网络等关键行业的能力，强调在外交、科技、经贸、军事、意识形态等领域综合施策，对中国加以全面遏制。

俄罗斯强化国防科技发展规划指引。俄罗斯高度重视科技发展与创新，并将2021年作为俄罗斯科技年。俄罗斯总统普京于1月发表国情咨文，强调部署了科技创新发展工作，要求建立促进新技术研发运用的实验性法律制度，加强人工智能、遗传学、新材料、能源、数字技术等前沿技术领域的自主可控和标准化，在法律、融资等方面支持初创企业和创新团队成长，保障科技研发与管理人员自由度，提高创新容错度。

欧盟推进科技行动计划。欧盟下属机构欧洲防务局制订一项行动计划，用于推进识别、研发和运用新兴颠覆性技术，强调人工智能、大数据、量子、机器人、自主、新材料、区块链、高超声速、生物等新兴颠覆性技术，将可能彻底改变未来的军事能力、战略和行动，并增加相关技术投资，加强北约、欧盟委员会与欧洲防务局之间的协同，促进军民协同创新。7月，英国公布《英国创新战略：创造未来以引领未来》，重点关注充分利用研发和创新体系以支持私营部门创新，通过加速创新提高英国经济生产率。

日本不断完善国防科技战略规划体系。11月，日本启动修订日本安保政策《国家安全保障战略》《防卫计划大纲》《中期防卫力整备计划》三大战略性文件,推动"对敌攻击能力"的公开化、政策化和战略化,构建形成了由总体战略、中长期发展规划、技术发展路线图组成的国防科技战略规划体系,统筹谋划日本未来国防科技发展,如表 1 所列。

表 1　日本国防科技战略规划体系示意图

战略规划	典型政策
总体战略	《防卫生产和技术基础战略》《防卫技术战略》
中长期发展规划	《中长期技术评估》
技术发展路线图	《未来战斗机研发愿景》《未来无人机研发愿景》《构建多域综合防卫力量研发愿景》

(二) 突出技术创新政策引领

美国、俄罗斯、欧洲、日本等国家通过发布国防科技创新相关法规、政策和发展战略,突出技术发展路线和专业领域政策,强化对技术创新的政策和途径引领。

美国强化技术保障和发展政策。5 月,美国国防部发布 5000.92 指示《保障装备战备完好性的创新与技术》,要求采取创新方法和技术推进保障装备领域创新和运用。7 月,美国海军部发布《智能自主系统科技战略》,设定了未来 10 年智能自主系统发展愿景与战略目标。

俄罗斯完善重要国防科研组织机构立法。6 月,俄罗斯正式公布《"时代"军事创新科技园联邦法》征求意见稿,对科技园职能定位、方向领域、组织架构、运行机制、资金保障等进行了规范,旨在强化国家对科技园的管理。

日本改进科技创新管理政策。3 月,日本内阁发布《关于竞争性研究费相关事务手续等统一规定》,改进竞争性研发经费管理,提高创新项目管理效率。日本防卫省于 7 月公布了新版《防卫白皮书》,突出强调太空、网络、电磁领域的重要性，要求巩固并提高自卫队人力基础和技术基础，强化产业基础韧性、防卫装备与技术的国际合作，保持并加强自卫队训练与军事演习。8月，日本发布《科学技术指标2021》，通过五大类科技活动、约160个指标评估日本及中国等国家科学技术发展的情况。

（三）设立创新管理组织机构

美国、俄罗斯、日本、德国、英国、韩国等国家等设立或调整创新组织和平台，如设立专家组、专家委员会、创新工场、研究和管理机构等多类型创新管理组织，加强对国防科技创新工作的领导、管理与组织实施。

美国设立创新指导组、创新小组、创新工场、软件工厂等创新组织，加强对国防科技创新工作的领导、管理与组织实施，从专家资源、技术引入等方式推进技术创新运用。4月，为加强中部地区创新联系，美国国防创新小组新设芝加哥办公室，2022财年《国防授权法》更是授权国防创新小组扩大与全美各地接触，加速向国防领域引入先进商业技术。5月，美国国防部成立"创新指导组"，由国防部研究与工程副部长担任组长，负责就科学、技术、技术转化等重大事项向国防部长提供决策建议。8月，美国太空军成立熔炉创新小组，探索太空军创新解决方案，建立广泛的专家网络，培养太空创新文化。8月，美太空军设立创新工场，以推进太空技术创新发展与转化运用。美国空军将空军研究实验室作为科技管理总体机构，并将实验阶段已经结束的空军创新工场，转隶至空军研究实验室，还将转型能力办公室转为正式常设机构，并确定第二批"先锋"项目。4月，美国海军建立软件工厂，通过快速的软件开发、认证、试验和部署、运维，解决水面战舰队此前需要数年解决的难题。

俄罗斯全面推进"时代"军事创新科技园创新管理。成立于2018年的俄罗斯"时代"军事创新科技园，在2021年成立科学协调委员会，新部署

6 个实验室和 600 多种实验设备,建成库里宾迷你生产厂,新增端到端数字技术、智能雷达与精确制导武器系统等研究领域(累计达 16 个领域),启动科技园发展专项基金创建工作。

日本、德国、英国、韩国等国家设立创新管理组织机构,提升国家创新竞争力。日本 4 月设立了科学技术创新推进事务局,承担日本科技政策最高决策和协调机构"综合科学技术创新会议"的秘书处职能,强化政府科技创新体系的指挥中枢职能。5 月,德国宇航中心在乌尔姆基地正式成立量子技术研究所,开发基于量子力学效应的先进技术,并将与业界开展合作,致力于逐步提高技术原型机成熟度并投入使用。5 月,英国国防装备与保障部与陆军合作设立了远征机器人专家中心,作为英国国防部远征机器人技术的中央咨询中心。5 月,韩国国防采办项目管理局宣布,将该局下属的国防技术品质院调整设立为国防技术规划与促进研究所,通过防务合同补偿机制提升中小企业零部件和材料的供应能力,促进国防技术规划和管理体系现代化。

(四)建立科技创新平台基地

美国、日本等国家极为重视国防科技创新平台基地建设,2021 年,持续推进训练网络、创新组织、研究机构、智库等形式建设,促进技术创新与转化。

美军全力推进各类型创新平台建设。5 月,美国网络司令部要求各军种网络学校启用网络训练环境平台,为美军提供统一训练环境和真实威胁场景,缩短从规划到实施的培训时间,帮助创建战备性更强的网络部队。在设立创新指导组后,美国国防部于 11 月创建了创新机构"地图",开展了国防部研究实验室和试验靶场等基础设施评估,推进了国防部科研体系调整。DARPA 一直在寻求解决技术创新难题,与学术界、工业界和商业半导体行业建立 7 个研究中心，以解决微电子技术发展面临的重大挑战。

日本推进创新基地、智库等创新组织建设。1 月，日本政府建设产学政合作的量子技术创新基地，推进基础研究、技术验证、知识产权管理和人才培育，合力推动量子技术创新发展。4 月，日本政府"综合创新战略推进会议"决定在 2023 年设立创新智库，负责调查、研究经济安保相关技术政策咨询，促进军民两用先进技术开发，防止日本先进技术情报外泄。日本还成立舰艇装备研究所岩国海洋环境试验评估站等装备试验评估机构，推动军内科研单位、大学、企业和民用机构开展新兴技术创新评估，打通成果转化全链路创新路径。

（五）强化国防科技创新联盟

美国等国家一直强调加强国家间、国家内部、军地间或研究机构间等多种国防科技创新联盟，强化军事技术创新、融合和转化。

美国持续强化国防科技创新联盟建设。1 月，美国白宫成立国家人工智能计划办公室，美国国家科学基金会投资建立 11 个人工智能研究所，多领域推进人工智能技术发展。陆军未来司令部将"人工智能工作组"改组为"陆军人工智能集成中心"，领导人工智能工作，并与地方机构共建网络空间融合创新中心，协助网络司令部快速开发和部署网络空间能力。9 月，美国、英国、澳大利亚组建国防与安全伙伴关系联盟，整合国防相关科技、工业基础供应链。9 月，美、日、印、澳在美国华盛顿举行首脑会谈，强化人工智能、5G、半导体、太空监视、网络基础设施相关领域的协作，共同"应对包括东海、南海在内的海洋秩序挑战"。其中，澳大利亚海军已确定了若干联盟项目。

俄罗斯推动集群式科技创新平台机构建设。2021 年，俄罗斯提出《创新科技中心法》修订案，明确平台创建主体的具体要求标准，加快平台建设审批速度,并批准以联邦远东大学为主体创建"罗斯"创新科技中心,这是第四个国家创新科技中心,进一步拓展了集群式科技创新平台建设。1月,俄罗斯成立了一个由9个研究中心和大学组成的联盟,开发核燃料循环设施、快速反应堆、未来能源技术新材料等核电站项目。

日本政府积极探索创新联盟实践。日本产业技术综合研究所牵头组织国立物质材料研究机构等筑波创新园区各成员单位,组建创新联盟,共同搭建并利用技术研发与测试平台,推进微细化工艺和3D工艺技术开发项目,谋求产业合作共赢。1月,日本政府第8次"综合创新战略推进会议"通过的"关于推进量子技术创新"的文件明确,将以量子技术创新会议为中心,以《量子技术创新战略》为基础,建立量子技术创新协会和量子情报通信技术论坛,形成量子技术生态系统,通过产学政合作,建设从基础研究到技术验证、知识产权管理以及人才培育的量子技术创新基地。

二、拓展创新活动形式,增强全社会创新活力

2021年,世界主要国家密集举办技术桥、创新论坛、展览会、挑战赛、军事演习等活动,吸纳各领域的智力资源,挖掘军内外技术创新潜力,实现创新能力的快速引入,增强全社会参与国防科技创新活力。

(一)推广技术桥、创新工场等方式,加快技术创新

技术桥、创新工厂等是美军极为重要的创新方式。近些年来美国海军持续扩展技术桥网络,2021年先后启动阿拉斯加、日本横须贺和美国北卡罗来纳三个技术桥,截至2021年底,海军已部署18个"技术桥"。空军成立"空军创新工场",可直接向空军副参谋长汇报工作,并设立若干创新中心。此外,陆军成立陆军运用实验室,特种作战部队成立创新工场等。通

过组建不同形式的创新组织形式,加快技术创新效率,形成可持续发展的开放创新协作网络。

(二) 开展技术论坛与展览会,吸纳全社会创新成果和智慧

各类军事技术论坛和安全峰会是主要国家深化科技交流、捕捉技术机遇、探索新需求新概念的重要平台。6月,美国海军陆战队举行"认知突袭者"创新路径第三次研讨会,重点讨论在大国竞争背景下,人工智能、先进制造、生物科技、量子计算等前沿技术如何改变战术和战略。8月,美国白宫召开网络安全峰会,召集苹果、亚马逊、Alphabet、微软、摩根大通等知名企业参加,旨在提高政府、关键基础设施和私营部门的网络安全。8月,俄罗斯举行军队"2021国际军事技术论坛",国防部、军种、军工联合体等展开前沿技术和武器装备创新研讨。10月12日至13日,英国举办以"夺取电磁频谱优势的多域作战"为主题的2021年"老乌鸦"协会欧洲大会,研讨包括频谱优势、网络电磁、下一代空中生存能力、技术发展、电子防护等七大议题,以应对电子战变革的挑战。

高技术展览会是展出最新武器装备和创新技术成果,深化军地合作协同的重要桥梁和窗口。俄罗斯国防部在第2届全俄科技大会框架下,围绕信息技术与计算装备、信息安全、生物技术、自动控制与信息通信、能源供应与生命保障设备、机器视觉与模式识别、纳米技术与材料等关键技术领域,先后举办7场科技大会活动,并在7月举办了第5届"武装力量机器人化"军事科学大会。8月,俄罗斯国防部举办第6届国际军事技术论坛"ARMY – 2021",展出超过2.8万件最新装备和样机模型,举行"国防工业多样化转型"大会和第4届"国防和国家安全人工智能技术"大会等180多场主题会议和圆桌研讨。9月,2021年度国际防务装备展在伦敦举行,展示世界主要国家前沿技术最新进展、武器装备最新发展动向,促进各国科技与装备合作。10月，美国太空军举办商业展览会，推动太空军与其他军种和地方企业合作，太空军将与工业界共享内部数字模型以加快能力建设。

（三）通过挑战赛、创新日等活动，快速引入军内外创新能力

2021年，各类创新挑战赛、创新日仍是世界各国创新的重要举措，旨在选拔最优秀的创意和方案，征集遴选军内外国防科技自主创新成果，激发军内外创新活力。

美军各部门举办各类国防科技挑战赛。美国海军陆战队发起多项挑战赛，专注于探索新的网络技术与开发人工智能系统，支持海军"超越计划"工作。7月，美国政府通过司法奖励计划征集黑客线索，对提供有关外国黑客针对美国关键基础设施进行恶意网络活动的信息实施奖励。11月至12月，美国太空军启动"2021超越太空挑战赛"，选择13家初创企业和11所大学参加"超越太空挑战赛"，以加速太空军的创新，推进基于地球和太空的解决方案，改善太空作战。

俄罗斯举办国防科技创新竞赛和创新日。2021年重点仍围绕人工智能、机器人等关键技术领域。国防部分别于3月和7月举办第5届全军"未来突破"竞赛、第8届全国军用和两用人工智能技术研究项目竞赛。先期研究基金会举办了全国"定位"最佳智能图像地理定位技术竞赛、第3届全国海洋机器人竞赛"水下机器人-2021"、第2届全国无线电通信前景技术竞赛"无线电节-2021"，寻求关键技术创新运用。2021年，俄军各层级"创新日"活动在疫情下仍坚持开展且热度不减，涌现出一批有价值的自主创新成果，如空军学院"创新日"上展示的"蜂群"-93无人作战飞机系统、鸟式无人机载地面目标侦察指示系统等。

三、加快创新成果转化运用，推动战斗力生成

跨越科技与作战的死亡之谷是世界主要国家科技成果转化运用的一个普遍难题。2021年，主要国家采用引入民用先进技术、兵棋推演、技术转移等机制，促进科技成果快速转化运用为战斗力。

（一）持续实施技术转移计划，推进军内成果转化应用

美军持续实施各类技术转移计划，如联合能力演示验证（JCTD）等计划，持续推动军内科技成果快速转化为战斗力，并加速推进军内科技创新成果向武器装备全寿命转化。9月，美国空军表示2022财年技术开发工作的重点是，将技术快速转化为支持太空司令部、印太司令部的作战能力，推进创新能力快速转化。10月，美国国防部研究与工程副部长办公室与联合参谋部、作战司令部和各军种协作，开展了大规模快速联合作战试验，推动原型样机快速转化运用于作战。

（二）采用多种方式，加快民用技术向军用转化应用

在太空、人工智能、网络技术等新兴技术领域，商业技术发展迅速，美、日等国采用多种方式，持续推动民用先进技术向军用转化应用。

美军广泛吸引商业技术进行军用开发与转化应用。国防部发布了"2021年全球需求声明"，征求战略优先领域"高度创新"和技术较为成熟的颠覆性技术，计划在2028年前填补关键联合能力中的短板。美国太空军"商业增强太空互联网络作战"项目，利用商业技术进行开发和演示验证，寻求创建军事－商业混合星群，增加对手未来太空作战的复杂度。谷歌、微软等公司积极与国防部合作，积极寻求获得"联合作战云能力"项目。

日本防卫省计划发掘民用尖端技术转化运用于装备。9 月，防卫装备厅向民营企业提供研发经费，择优挑选出几项先进技术，加速重工、电机、电子零件制造商等尖端技术研发运用。9 月，日本防卫省计划在 2022 年推进"游戏规则改变者"技术早期实用化的工作，并为相关计划申请了 93 亿日元（约 8400 万美元）资金。

（三）通过军事演习等方式，推动成果快速转化为战斗力

在虚拟技术、人工智能等技术推动下，世界主要国家采用军事演习、兵棋推演等活动，推动科技成果快速转化为战斗力。

欧洲通过联合演习进行技术评估验证。4 月，法国联合德国、意大利等国家举行了首次跨国太空军事演习，对法国太空指挥流程和系统进行了测试，模拟了不少于 18 种类型的太空威胁场景，对未来太空作战需求进行了评估。4 月，英国国家物理实验室与英国创新基金会合作，向英国"国家授时中心"计划提供 670 万英镑资金，以支持其弹性授时与运用方面的创新研究和技术验证。

美国以兵棋推演等形式牵引军事技术创新运用。6 月，美国空军研究实验室举办高功率电磁武器兵棋推演活动，使用高功率电磁武器增强综合防空能力，协助作战人员管理复杂的战场。6 月，美网络司令部宣布举行"网络旗帜 21-2"演习，强化网络防御作战能力和网络安全领域盟国合作。6 月，美国海军陆战队建立数字化兵棋推演和分析中心，以实现可视化和模拟作战环境。7 月，美国空军开展第五次"架构演示与评估"演习，为国防部建立可获取决策优势的综合任务架构。7 月，美国空军与盟国举行"北极交战""蓝色计划""全球交战"和"未来游戏"兵棋推演，以用于测试、验证新概念和技术，对抗俄罗斯和中国北极的意图。9 月，美国空军建设高级兵棋推演实验室，支持定向能和航天器部技术转移。9月，美国海军陆战队设立兵棋推演中心，可容纳数百人规模，模拟多个作战运用场景，推动新技术向战斗力快速转化运用，将于2025年具备全面作战能力。

四、激发创新活力，加强科技创新人才培养

国防科技创新人才竞争是当前大国博弈和国际竞争的重要领域。世界主要国家通过政策法规、创新活动，加强前沿技术人才队伍建设和培养，提升国防科技人才队伍的专业化能力和创新能力。

（一）制定科技创新人才培养政策

美国、欧盟从战略上重视创新人才培养。7月，美国国防部研究与工程副部长发布《国防部2021—2025财年科学、技术、工程、数学（STEM）战略计划》，提出了鼓励社区参与国防部STEM教育计划和活动、吸引STEM劳动力、提高对STEM参与度、提高STEM效率和效果等目标，强化未来科学技术人才竞争优势。9月8日，欧盟发布《欧洲行动能力和自由》报告，调整优化人才制度、青年规划计划、培训系统相关政策，强调发展、培训和留住科技创新人才。1月，法国启动量子技术国家战略，保留科技创新人才，优化科研工作环境。

（二）培养国防科技创新"官员"

2021年，日本防卫省防卫装备厅相继设立国防科技相关专业职位，代表了日本军方人才资源在国防科技创新发展中的重要作用，这是日本极具特色的举措。防卫省防卫装备厅技术战略部新设"技术合作推进官"，防卫政策局新设"经济安全保障情报企划官"，航空自卫队参谋部新设"科学技术官"，以及防卫省计划2022年设立"技术政策总括官"，都是在科技创新

管理方面的探索。

（三）广泛吸纳前沿技术专家智慧

近些年来，美国、英国、日本等国家重视前沿技术专家资源，通过专家委员会、研究机构、前沿科技项目等多种方式，广泛吸纳全社会各领域前沿技术专家智慧。

美军通过各类组织广泛吸纳前沿专家智慧。9月14日，美国国防部重启国防业务委员会，这是美国国防部最具影响力的咨询委员会之一，重点解决业务转型以及人才与人力资源问题。自拜登政府上台后，美国国防部所有咨询委员会的运作均已暂停，经过数月评估，该委员会成为首个重启机构，将汇聚更多专家服务国防部建设。

英国通过创新机构吸纳专业技术人才。5月，英国新设立的远征机器人专家中心，主要汇聚英国国防部、政府、学术界及工业界的机器人技术与自主系统专家的智慧资源。

日本政府通过前沿项目吸引顶尖人才。12月，日本文部科学省决定新设推动原创性和先驱性研究的"国际先导研究"项目，以资金形式支持吸引具有国际人脉的顶尖研究人员和研究团队，培养具有国际竞争力的青年研究人员，提升科研整体实力和核心竞争力。

（四）加强前沿技术创新人才生态建设

2021年，美、法等国家着力构建国防科技人才生态，推进科技工业人才队伍发展。1月，美国国防部通过技能竞赛、快速项目支持、终身培训等方式，持续培养国防科技工业人才。此外，美国提出加大云技术、数字孪生、机器人等新兴领域人才培养力度，抢占新兴技术发展先机。1月，法国启动量子技术国家战略，提出保留量子技术人才，确保技术价值产业链的完整，优化科研人员工作环境和培训力度，各个维度为技术工作者提供创新资源。

五、开展国际科技合作，构建科技战略威慑网络

2021年，美国及其盟国持续加强国防科技合作，充分利用互惠的国防科技资源，强化美盟国家军事技术转移布局，加强技术/产业链同盟政治化，如把持人工智能的标准、规范、伦理道德话语权，推动技术霸权，实施技术霸凌。以利益捆绑、战略对抗等形式，形成了针对中俄的军事包围、技术震慑和抵近威慑。

（一）推进"技术民主"计划，抵制中国等国家技术发展

美国拜登政府在2月份刚上台不久，开始推行建立"技术民主"计划，制定和塑造管理技术使用的规则和规范，抵制中俄等"技术独裁国家"，阻止中国主导全球技术发展。该技术联盟通过G7、澳印日三边安全对话、美欧贸易与技术委员会、OECD全球人工智能活动等机制，制定关于技术设计、发展、治理和运用的原则。其中，美欧贸易与技术委员会也是由拜登6月份提出设立的，目标是加强美欧科技监管、工业发展和双边领域贸易，共同开发保护关键和新兴技术。

（二）深化美欧盟友技术合作，强化对中俄战略空间围堵

欧洲是美国的传统盟友，双方一直在修补关键伙伴关系裂痕，强化战略同盟。如美欧2021年峰会共同发起成立"美欧贸易与技术委员会"，编织人工智能、量子、半导体、太空等领域技术封锁网。北约2021年峰会倡议"北约2030：团结面对新时代"，宣称中国影响力的提升是北约"必须集体应对的系统性挑战"，以会议公报明确提出加强合作、应对中国。为修补因澳英美核潜艇协议而造成的美法裂痕，美国政府2021年底批准向法国出售航母电磁弹射器及相关技术。为强化美英传统盟友关系，两国主要聚

焦在量子、人工智能等重点领域，如美国空军研究实验室和英国防科学技术实验室 10 月举办首次联合技术演示，展现了两国联合"开发、选择、训练和部署"高级学习算法的能力。美国固化传统盟友，拉拢中间国家，推行北约东扩，挤兑俄罗斯实力，已经在欧洲重振了美国全球领导力。

（三）建立"澳库斯"联盟等技术相关组织，封控亚太安全发展

2021 年，美国在亚太区域推进技术联盟建设，为中国定制的印太战略和太平洋威慑计划，以印太战略名义钳制中国发展，控制亚太力量平衡。3 月，美、日、印、澳四国联盟在视频峰会上决定建立"关键与新兴科技工作组"，强化对抗中国，构建供应链安全和人工智能合作网络。7 月，四国联盟召开科学技术部长级会议，强化人工智能、半导体等领域合作，主导国际研究开发竞争与规则制定，与中国竞争主导权。9 月刚成立的"澳库斯"联盟，其目的仍是共享先进防御技术。此外，美国国防部研究与工程副部长办公室还制定了印太司令部样机计划，寻求加强印太伙伴国关键科技领域研发与试验合作。

（四）建立多边合作关系，建立全球技术合作网络

2021 年，美国持续在印太建立强大国防科技合作体系，深化了多边技术合作机制。

在印太战略框架下，美国强化与南亚国家的联盟关系。美国加快对印度转让国防技术，以增强印度作为"主要国防合作伙伴"的地位。美国试图通过与越南军事合作提升在南海地区的影响力，并发布《加强美越全面伙伴关系》声明，旨在强化双方在气候变化、高等教育等方面合作。此外，2022 财年《国防授权法》要求推进美国与菲律宾、泰国的联盟。

美国持续强化与日韩以等国家的技术联盟关系。美日、美韩深化高科技领域合作。4 月和 5 月的双边峰会上，美日、美韩均明确在生物技术、人工智能、量子信息科学、安全的信息与通信技术等领域加强技术开发合作。11月，美国国防部研究与工程副部长主导成立美以作战联合技术工作组，通过反导、网络技术等领域合作，应对军事挑战。

(军事科学院军事科学信息研究中心

卢胜军　张代平　魏俊峰　蔡文蓉　高洁)

2021 年美国国防科技管理发展综述

2021 年，在拜登政府执政后，美国开启新一轮战略调整及军备建设周期，持续深化国防科技管理改革与调整，寻求重塑创新优势，为赢取中美高端竞争做好充分准备。

一、以综合性实战化威慑为目标，统领国防科技发展

美国国防科技管理以《国家安全战略》《国防战略》《军事战略》为顶层指导。其中，前两大战略将在 2022 年出台。为统一政府部门步调，3 月，美国发布《国家安全临时战略指南》，提出聚焦尖端技术和先进能力、加强科技创新、扩大科技人才储备、加强科技基础建设，实现和巩固美国长期战略优势。这一文件的发布，既为美制定新一轮战略政策奠定了基础，也为国防科技管理工作的开展确立了新基调。

随后，美国国防部发布《致全体雇员备忘录》，提出大力推进创新，加强新兴能力的快速试验和部署，围绕大国竞争对手针对性增强威慑力并维持竞争优势，同时强调"合作制胜"，强化与盟友联合、深化国内各部

门合作。备忘录承接《国家安全临时战略指南》，为国防部工作提供总体指导。

7月，美国国防部进一步提出一体化威慑概念，并将其作为制定新《国防战略》的指导思想，强调将"技术、作战理念和各种能力恰当地结合起来"，通过对创新和新技术进行大规模投资，推动与军工企业、科研机构和盟友合作，促进新兴技术的军事应用并保持美军技术优势，实现更佳的对敌威慑效果。国防部特别强调充分发挥人工智能作用，提出未来5年投入约15亿美元，促进"美军的效率和快速反应能力在不久的将来实现飞跃"。从内容看，一体化威慑概念包含技术、作战、联合三要素，其中技术不仅包括尚未应用的研发阶段技术，还涉及已嵌入武器系统的技术。未来美军的发展将更多通过人工智能、网络技术等关键技术的研发与实战化运用，寻求实现领先优势与战略威慑。

二、顶层统筹与局部优化相结合，完善创新体系建设

创新体系是大国军事实力比拼的关键依托。近年来，为加速创新，美国采取多种方式构建或调整创新机构，给予各机构充分的发展自主权。2021年以来，国防部逐步加强对科技体系的顶层统管，将在经过试运行后的创新机构，纳入传统科技管理体制，同时，探索新机制的创新机构持续涌现。总体上，美军创新体系发展呈现四方面趋势。

（一）完善顶层统筹和一体化管理体系架构设计

3月，美国国防部明确设立由研究与工程副部长任领导的"创新指导组"，加强研究与工程副部长在国防创新体系中的统管职能，强化国防科技创新体系与作战、采办等部门的横向协同。目前，创新指导组已开展三项

主要工作：审查国防部科研力量，包括各国防研究实验室、试验场的基础设施，评估整体科研能力；制定国防部创新组织的详细规划，涉及20多个组织的目标、任务、预算与产品类型，并着手创建数据库，集中存储创新组织信息；推动实施快速国防实验储备计划，聚焦全域指挥控制、对抗性后勤与远程火力等联合作战概念涉及的领域，遴选作战部门200多份创新方案，计划从2023财年开始组织精选方案的联合实验，弥补联合作战能力差距。研究与工程副部长办公室还将现有的十一大战略优先领域调整为十四大关键技术领域，相应机构将做调整。

（二）健全国防科技创新体系架构

美国军种和国防部业务局持续推进创新体系架构调整。美国陆军加强科技统管和人工智能领域机构建设。主导创新工作的未来司令部中，最核心的作战能力发展司令部任命首位首席技术官，加强陆军科技项目的整合。未来司令部将"人工智能工作组"改组为"陆军人工智能集成中心"，领导陆军人工智能工作；陆军网络司令部与地方机构共建网络空间融合创新中心，协助网络司令部快速开发和部署网络空间能力。

美国海军持续扩展技术桥网络，2021年先后启动阿拉斯加、日本横须贺和美国北卡罗来纳三个技术桥，截至目前，海军已部署18大"技术桥"。空军强化科技创新力量统管，空军研究实验室作为科技管理总体，进一步完善管理架构。

美国空军创新工场结束实验阶段，转隶至空军研究实验室。空军研究实验室下属的转型能力办公室正式成为常设机构，并确定第二批"先锋"项目。空军研究实验室还设立太空作战研究与开发实验室，以及军地协同的新墨西哥太空创新中心，推进先进太空作战能力研发。国防部业务局进一步深化协同创新力量建设。

为推进下一代微电子技术研究，DARPA 着手与学术界、工业界和商业半导体行业建立 7 个研究中心，以解决微电子技术发展面临的重大挑战。国防创新小组新设芝加哥办公室，加强同美中部地区创新体系联系。2022 财年《国防授权法》还授权国防创新小组扩大与全美各地接触，加速向国防领域引入先进商业技术。

（三）更好发挥创新体系在作战能力生成链路中的作用

在能力生成链路的起始端，加大研究与工程体系在需求生成中的话语权。2022 财年《国防授权法》明确研究与工程副部长作为联合需求监督委员会的"首席技术顾问"，负责协助评估军事能力需求可行性，并根据新兴技术机遇确定新的需求。在面向作战的能力生成链路末端，研究与工程副部长通过"快速国防实验储备"基金，响应军种和联合司令部需求，快速实验并转化新技术。

（四）加快聚合创新资源赋能美军数字化转型

美军采取多种举措加速推动数字化转型进程。大力推进软件工厂建设。4 月，美国陆军正式运行陆军软件工厂，与工业界和大学合作，建设具备数字化能力的未来陆军。同月，美国海军建立名为"锻造"的软件工厂，通过融合军地力量，开展快速的软件开发、认证、试验和部署，寻求在数月甚至数周内解决海军难题。2021 年以来，美国空军新启动第 18 号机库、"侠盗蓝"两个软件工厂，截至目前，空军已在全美范围部署 17 个软件工厂。

优化重组相关管理机构。11 月，美军宣布拟将联合人工智能中心、国防数字服务局及首席数据官办公室重组为首席数字与人工智能官办公室，进一步加强数据、人工智能等关键领域管理整合和统筹推进。

三、构建全球国防科技合作网络，深化跨国协同合作

拜登政府执政后，美国全面回归国际事务。以往多被用于高等级外交中的国防科技合作被更多利用，一方面可节省国家资源，另一方面可通过向特定国家转移军事技术，以军事合作、利益捆绑，加强针对中俄的军事包围和抵近威慑。

（一）强化处于战略节点位置的传统盟友关系

2021年，美国国防部与可钳制欧洲、中东、东亚和西太平洋的英国、以色列、日本和澳大利亚等国推进国防科技合作。其中，英国和以色列是美经略欧洲、中东的战略支点，美国主要通过深化双边合作模式强化盟友关系。

美英合作主要聚焦在量子、人工智能等重点领域，如根据美国空军与英国防科学技术实验室签署的《自主和人工智能合作伙伴关系协定》。10月，美国空军研究实验室和英国防科学技术实验室举办首次联合技术演示，演示了15种高级机器学习算法以及12个英美两国数据集的集成，展现了美英两国联合"开发、选择、训练和部署"高级学习算法的能力。

美以合作主要以实战为牵引。11月，研究与工程副部长主导成立美国-以色列作战联合技术工作组，通过在反导、网络技术等领域合作，应对军事挑战。

美澳主要以多边防务合作为主。美国联合澳大利亚、英国，于9月宣布成立"澳库斯"联盟，共享先进防御技术，加强在人工智能、量子技术、网络安全、水下系统及远程攻击等关键技术领域信息共享与合作。12月，澳英美举行先进能力联合指导小组会议，寻求加速推进网络能力等重点领域合作。

美日、美韩深化高科技领域合作。4月和5月的双边峰会上，美日、美韩均明确在生物技术、人工智能、量子信息科学、安全的信息与通信技术等领域加强技术开发合作。

（二）修补关键伙伴关系裂痕

为改善同盟伙伴关系，美国通过高频度外交，强力推进盟友重新归队，加紧拉拢中间地带国家，试图重振美国全球领导力。美欧2021年峰会共同发起成立"美欧贸易与技术委员会"，寻求合作开发和部署人工智能、量子、半导体、太空等领域技术，并编织技术封锁网。为重构大西洋伙伴关系，北约2021年峰会就"北约2030：团结面对新时代"倡议达成一致，通过的会议公报明确提出加强合作、应对中国。为修补因澳、英、美核潜艇协议而造成的美法裂痕，美国政府2021年底批准向法国出售航母电磁弹射器及相关技术。

（三）拉拢重要区域合作对象

针对中国定制的印太战略和太平洋威慑计划，2021年，研究与工程副部长办公室制订了印太司令部样机计划，寻求加强印太伙伴国关键科技领域研发与试验合作。美、日、印、澳已决定建立"关键与新兴科技工作组"，紧紧围绕与中国竞争，构建供应链安全和人工智能合作网络。提前解密的《美国印太战略框架》指出，"应加快印度的崛起并增强其作为安全净提供者和主要国防伙伴的能力"。为此，美加快对印转让国防技术，以增强印度作为"主要国防合作伙伴"的地位。

2022财年《国防授权法》要求推进美国与菲律宾、泰国的联盟。美国还试图通过与越南军事合作提升在南海地区的影响力。2021年，美国发布《加强美越全面伙伴关系》声明，旨在强化双方在气候变化、高等教育等方面合作。

四、加速推进重点领域迭代发展，持续提升作战能力

近年来，美军科技工作的核心是加快重点领域研发进度。拜登政府执政后，重点领域发展主要延续三方面做法。

（一）以应用促发展，快速迭代提升

美军主要通过多类型场景演习，加快 5G 技术、联合全域指挥控制、自主技术等领域发展，如：5G 技术，美军加紧在 4 个领域、10 余个基地开展场景应用实验；DARPA 和陆、海、空三军通过特定场景的竞赛和演示试验，持续推进无人蜂群、自主系统发展；2021 年以来陆、海、空三军分别对各自联合全域指挥控制系统进行了近 10 次大规模作战试验。为尽快形成实战能力，美军还通过重要节点的演示验证，推进技术发展，如高超声速技术以每两年为周期，演示验证并转化技术，持续、快速升级高超声速武器。国防部"高能激光扩展计划"2021 年成功实现中期目标，为 2022 年全面演示 300 千瓦级技术奠定重要基础。国防部还完成激光杀伤力分析审查，计划建立定向能杀伤力数据库，支撑定向能技术发展。

（二）以商业促研发，加快引入先进技术

在商业技术蓬勃发展的太空、人工智能等领域，美军持续推进与商业力量的融合，如太空军"商业增强太空互联网络作战"项目，不仅利用商业技术进行开发和演示验证，还寻求创建军事－商业混合星群，增加对手未来太空战的复杂度。谷歌、微软等公司积极与国防部合作，积极寻求获得"联合作战云能力"项目。美国国防部还发布了"2021 年全球需求声明"，面向全世界征求战略优先领域"高度创新"、具备一定技术成熟度的颠覆性技术，计划在 2028 年前填补关键联合能力中的短板。

（三）以协同促研发，推进前沿技术领域发展

对基础研究、理论研究发挥重要引领作用的微电子、生物和量子科学等先进技术领域，美国国防部通过联结高校和商业研发机构等多元主体，构建研发网络。2022 年 1 月，美国国防部组建大学网络安全联盟，促进网络技术的发展与交流；网络司令部与全美 84 所学术机构组成合作网络，推进创新和人才培养。2022 财年《国防授权法》还要求 DARPA 联合各界加速量子能力开发与部署。

（军事科学院军事科学信息研究中心　魏俊峰　蔡文蓉　卢胜军）

2021年俄罗斯国防科技管理发展综述

当前，全球局势与国际安全环境复杂多变，主要大国间军事、科技等关键领域博弈不断加剧，各国前沿军事科技研发与创新竞争日趋激烈。2021年，俄罗斯在北约持续东扩、西方制裁加剧、新冠疫情影响等多重压力和威胁下，高度重视先进武器装备和关键军事技术发展，着力加强国防科技发展战略布局，调整完善国防科技管理体制机制，优化特色国防科技创新机构平台建设运行，持续开展丰富多样的国防科技创新活动，不断强化国防科技法律法规建设。

一、继续加强国防科技发展战略规划指引

俄罗斯一直高度重视国家国防科技发展与创新，2021年出台多项重要战略规划文件，继续加大对国防科技发展创新的顶层指导和规划牵引。

（一）国家层面加强对国防科技总体发展的战略指导

《国家安全战略》是俄罗斯国家安全领域的基础性战略规划文件和最高级的指导文件。2021年7月，俄罗斯基于国际局势与国内环境变化情况，

出台新版《国家安全战略》。新版战略强调，科技领导地位已成为提高国家竞争力和确保国家安全的关键因素之一，提出俄未来国防科技发展的一系列重点任务，包括：确保俄国防工业技术独立与创新发展，保持先进新型武器装备研制生产方面的领先地位；加强国防工业综合体生产基地的现代化；加强俄在航空、造船、航天、发动机、核电及信息通信技术领域的领先地位和竞争优势；发展纳米、机器人、医学、生物、基因工程、信息和通信、量子、人工智能、大数据、能源、激光、增材制造、新材料、认知、超算等高科技领域；加强核生化安全领域科学研究；确保国防与民用经济部门间的知识和技术转让；发展对外军事技术合作等。

（二）政府层面加强对国防科技中长期发展的规划布局

2021年俄罗斯正式出台或研究制定与国防科技发展相关的多项国家规划计划，将对俄未来国防科技的发展创新形成重要牵引。1月，俄罗斯批准《2021—2030年基础科学研究计划》，该计划的主要任务包括发展俄罗斯的科学潜力、建立有效的科学研究管理系统、保障国防与国家安全的科学研究等。4月，普京指示俄政府制定并批准新的《国家科技发展规划》，旨在实施具有国家意义的重大科技创新项目，确立为这些项目提供政府支持的机制，并为这些项目吸引私营部门资金。4月，俄罗斯军事工业委员会表示正在研究制定新版《2024—2033年国家武器装备发展规划》，将确定未来10年军队和武器装备发展的主要方向和任务，规划草案预计于2023年7月提交总统。

（三）行业层面加强对国防科技重点领域发展创新的路线指引

2月，俄罗斯航天国家集团出台《2021—2025年航天国家集团创新发展计划》，为促进俄航天科技工业创新发展，制定了研发创新型航天技术产品、发展航天基础设施、与高校及初创企业发展开放式创新模式等具体举措。10 月，俄罗斯国防部牵头的一个跨部门委员会正研究制定《国家超级计算机行业发展构想》，将重新设计俄罗斯超算基础设施的发展理念，并确定超算中心网络的模式和结构。

二、不断创新国防科技发展管理体制机制

2021 年俄罗斯从总统、政府和国防部等层面调整完善国防科技管理体制，创新国防科技重大事项决策支持机制和跨部门协调机制，提高国防科技创新管理效率。

（一）成立总统和政府直属机构支持国防科技重大事项决策与协调

3 月，普京下令成立总统直属科学教育委员会和联邦政府直属科技发展委员会。前者主要负责确定国家科技政策基本方针；调整国家科技发展战略；制定具有国家意义的重大科技创新项目；协调政府部门和科教机构间的活动等。后者主要负责国家科技发展领域重大规划、活动、项目、预算的决策支持和跨部门协调，其成员由俄联邦安全理事会代表和不低于副部长级别的政府官员代表共同组成，成员名单须总统亲自批准。

（二）设立国防部专门机构统筹军事人工智能研发应用管理和资源分配

俄罗斯国防部高度重视人工智能技术在军事领域的研发应用。6 月，俄罗斯军事工业委员会委员透露，俄罗斯国防部内近期将成立一个专门的人工智能管理局，负责军事人工智能研发应用的政策拟制、标准制定和资源统筹。该管理局将拥有自己的预算，局长由具有中将以上军衔的领导人担任。

（三）建立国防部创新项目与技术委员会定期培训机制提高其工作效率

俄罗斯国防部创新项目与技术委员会是专门在军内外搜寻、评审符合国防部利益的创新想法和项目的专家咨询机构，由 23 个专家组构成。为进

一步提高其工作效率,该委员会 2021 年建立了与军事指挥管理机构开展定期交流培训的机制,并于 2 月举办了与军方代表的首次联合培训,学习关于装备采购的主要规范文件和程序要求。2021 年,该委员会共审查 120 多项由企业界和学术界主动开展的创新技术研发倡议,较上年增加 10%,从中选出 96 项倡议列入国防部创新项目清单予以资金支持。全年有 33 个项目顺利完成,其中 5 个项目成果已得到实际运用。该委员会自 2014 年成立以来,已累计审查 405 项倡议,其中 207 项被列入项目清单,87 项成果已得到实际应用。

三、着力优化特色国防科技创新平台机构建设运行

俄罗斯近年来积极打造先期研究基金会、"时代"军事创新科技园等富有国情特色的国防科技创新机构和平台,创新军政校企协作模式。2021 年,俄罗斯继续推进相关机构和平台建设,扩大规模,优化管理,深化协作。

(一)扩大"时代"军事创新科技园规模和资金来源

"时代"军事创新科技园是俄罗斯国防部 2018 年成立并重点打造的产学研一体化国防科技创新平台,面向国防创新概念探索与先进军事技术开发应用,旨在快速形成先进武器装备样机。2021 年,科技园进一步扩大力量规模,拓展资金来源。1 月,科技园在原有的 5 个科技连基础上,新组建 3 个科技连(每连 40 人),形成以 8 个科技连为核心的科研力量体系;4 月,科技园小型试生产厂正式建成使用,补齐生产集群缺口,形成完整的"科研 – 教育 – 生产"三大集群布局。3 月,国防部与俄罗斯工业通信银行签署协议,由该行设立并运行"时代军事创新科技园发展基金"。该基金将充分利用各种社会资金来源,以投资、贷款、补贴、捐赠等形式,为科技园内科研项目的实施、成果转化及市场推广提供融资支持。

（二）密切先期研究基金会与国防部在创新领域的合作

先期研究基金会是俄罗斯国家层面于 2012 年设立的类似美国 DARPA 的国防基础和前沿技术研发管理协调机构，以项目合作形式组织协调军地各部门、机构和企业开展高风险、高回报、突破性研究工作并负责促进成果转化应用。2021 年，先期研究基金会继续扩大与国防部在创新领域的合作，全年从开展的项目中选出 10 个重点项目与国防部实施了联合跟踪。此外，先期研究基金会还为国防部"时代"军事创新科技园的部分关键项目提供了资金支持。

（三）加快国家"创新科技中心"平台审批建设

"创新科技中心"是俄罗斯近年着力建设的一类以重要科研教育机构为主体、以政企学各界力量为支撑、面向两用关键技术研发应用的集群式科技创新平台。2017 年出台《创新科技中心法》以来，在 4 年时间内陆续批准创建"莫大麻雀山""天狼星""罗斯""航空航天创新谷""门捷列夫谷""波罗的海谷""圣彼得堡信息光机大学园"等 7 个创新科技中心。2021 年，俄政府加快建设审批速度，全年共批准创建 4 个创新科技中心，包括以图拉国立大学为基础的"复合材料谷"创新科技中心、以诺夫哥罗德国立大学为基础的"智能电子–瓦尔代"创新科技中心、以莫斯科工程物理大学为基础的"核医学园"创新科技中心和以下哥罗德国立大学为基础的"量子谷"创新科技中心。

四、坚持开展丰富多样的国防科技创新活动

当前，主要国家纷纷利用创新竞赛、成果展示等形式，挖掘军内外科技创新潜力。2021 年俄罗斯在疫情等不利条件下坚持开展大量形式多样的

国防科技创新活动,为国防科技发展集聚智力资源。

(一) 瞄准国防关键技术举办各类竞赛活动广征创新创意

俄罗斯以国防部和先期研究基金会为主每年面向全国全军举办大量国防科技创新竞赛。2021年系列竞赛活动继续有序开展,重点仍围绕人工智能、机器人等关键技术领域。国防部方面,2月举办全国军用和两用人工智能技术研究竞赛;3月启动全军"未来突破"竞赛,征集评选有助于提升军队能力的最佳创新项目;5月举办"科学起点"创新节竞赛活动;8月举办第三届全国中小学生"创新技术时代"科技竞赛,吸引青少年参与国防高科技领域技术创新。先期研究基金会方面,5月与俄罗斯教育和科学部联合举办国产人形机器人"费多尔"的控制软件开发竞赛;9月举办"蓝宝石"创新竞赛,评选电力推进系统高能电池最佳技术解决方案;11月举办第三届全国无线电通信前景技术竞赛"无线电节-2021",征集无线电通信、导航、拦截及电子战领域有前景的创新技术。

(二) 组织各级"创新日"展示活动激发军内外创新活力

俄罗斯国防部每年在军兵种、战区和军事科研院校层层组织开展"创新日"主题活动,遴选军内外国防科技自主创新优秀成果集中展示,以提高军内外创新研发积极性。2021年2月至5月,国防部各级先后举办38场"创新日"主题展览活动,共展出1159项自主创新成果,其中130多项成果在国防部最高层级"创新日"活动上获得展示。

(三) 举办大型军事技术论坛和会议活动加强创新交流协作

俄罗斯国防部每年通过举办国际军事技术论坛和科技大会等活动,展出最新武器装备和创新技术成果,探讨关键军事科技领域热点问题,加强国内外军地跨部门跨机构科技创新交流合作。2021年8月,俄罗斯国防部举办第7届国际军事技术论坛"军队-2021",吸引来自117个国家的官方军事代表团以及 1489 家企业和组织的代表参加，展出超过 2.8 万件最新装备和样机模型，举行 211 场主题会议和圆桌研讨，其中"数字时代战略领导力与人工智能技术"主题大会探讨了人工智能领域的科技发展、军事应用与人才培养问题。论坛还设立了多个特色主题展，包括俄国防部"创新日"成果展、俄罗斯国防工业多样化生产转型成果展、"北极"成果展等。2021 年，俄罗斯国防部还在第 3 届全俄科技大会框架下，围绕信息安全、自动控制系统、水声探测系统、军事地理信息平台、机器视觉和模式识别、小型航天器等关键技术领域，举办 6 场大型科技研讨会活动，加强军内外技术创新交流。

五、持续完善国防科技相关法律法规

俄罗斯历来注重国防科技立法工作，相关法律法规内容覆盖全面、层级清晰有序，修订更新频繁。2021 年，俄罗斯继续加强国防科技管理工作的法律规范，重点强化对重要国防科技创新平台、国防科技信息安全以及国防科技创新成果等方面的管理。

（一）为"时代"军事创新科技园单独立法强化管理

俄罗斯有专为重要国防科研机构单独立法的传统，如先期研究基金会、库尔恰托夫国家研究中心均有专门的联邦法。俄罗斯成立国防部"时代"军事创新科技园后延续此做法，快速启动相关立法工作。经过 3 年的筹备，2021 年 6 月，《"时代"军事创新科技园联邦法》议案正式提交俄罗斯议会审议。该法案对科技园的财产关系、基础设施、活动组织、资金保障，以及政府部门在园区内的权限等做出全面规定，出台后将进一步强化对科技园运行管理的指导、规范和保障。

（二）修订立法加强国防装备技术信息安全保密

近年来，俄军事泄密事件频发，加强国防科技信息安全保密管理成为俄高层关注的重要问题之一。6月，俄罗斯修订《国防法》，提出"国防领域公务秘密"概念，要求将"政府部门在组织和实施国防领域各项活动过程中产生的，其传播可能造成损害的信息"列为限制公开披露的国防领域公务秘密。根据该法，过去俄政府部门及其他官方组织定期发布的有关国防企业装备制造、财务状况、经济活动等方面的信息都将受到限制。11月，俄罗斯国防部根据该法拟制了长达813条的《武装力量国防领域公务秘密信息清单》，确定了国防领域公务秘密的具体范围。

（三）制定条例加强国防领域智力活动成果统一登记管理

10月，俄罗斯出台《与国防及国家安全直接相关的智力活动成果登记册管理条例》，确定了国家国防智力活动成果的统一登记管理制度。登记管理部门为国防部，登记对象为执行国家国防计划和国防订货任务过程中获得的，以及在国防部及其下属机构自主研发活动中获得的与保障国防和国家安全直接相关的专有技术或生产秘密。该条例规定了登记的编号规则、内容设置、信息增删变动程序和保密制度等。

（军事科学院军事科学信息研究中心　马婧）

2021年度欧洲国防科技管理发展综述

2021年，世界各国仍处于新冠疫情的阴霾之中，全球科技发展态势更加复杂动荡，新冠肺炎大流行进一步凸显了合作应对全球性挑战的重要性和紧迫性。在此背景下，欧盟以及欧洲主要国家持续出台一系列战略规划和政策文件，调整相应管理体制机制，增强跨国合作力度，不断加大对人工智能、网络技术、量子技术等前沿技术的研发力度，加速科技人才吸引与培养进度，持续打造欧盟一体化战略，促进欧洲国防科技创新发展。

一、加强顶层筹划，牵引国防科技创新发展

2021年，欧盟持续加大对国防科技发展的统筹，从出台战略计划、谋划关键技术、加强数字监管等方面入手，推进欧洲国防科技自主化进程。

（一）发布欧盟战略，引领防务一体建设

欧盟及欧洲主要国家发布战略规划文件，从国内外合作、工作计划、

采取措施等实施层面，为欧洲国防科技协同研发指明方向，推进防务一体化进程。2021年3月，欧盟发布《"地平线欧洲"2021—2024年战略计划》，计划设立了技术、环境、经济和社会维度的四大关键目标，并遴选出六大领域群，为欧盟技术研发提供投资指南。同时，计划高度重视团结合作，并提出相应措施。在内部合作方面，计划提出可通过签订谅解备忘录或合同的方式与私营、公共部门结成"合作伙伴"，共同推进国防技术项目实施；在国际合作方面，欧盟秉持"向世界开放"，鼓励非欧盟国家加入"地平线欧洲"计划，为更多的研究人员、科学家、企业、机构提供参与机会，且条件与成员国大致相同。欧盟还采取发起战略互利的合作研究，就开放科学、数字技术与服务监管等领域进行政策对话，加强前沿技术、人才培养国际交流与合作等方式，与第三方国家和地区广结"欧洲新伙伴"，确保欧盟产出世界级科学成果。6月，欧盟又通过了《"地平线欧洲"2021—2022年主要工作计划》，通过"地平线欧洲提案开放征集""欧洲研究与创新日"等60余场线上研讨会，就欧洲地平线、欧洲研究区、欧洲创新生态、欧盟优先事项等进行深入探讨，并召开"地平线欧洲信息说明日"活动，向从事欧盟研究和创新的申请人提供最新信息，就"地平线欧洲"的创新、主要融资方式和流程进行交流，旨在帮助科研人员实现科研设想，获得科研上的新发现和新突破，同时促进新技术从实验室到市场的转化。8月，欧洲议会发布《塑造2040战场的创新技术》报告，建议欧盟制定检测科技发展、成员国共同制定优先发展领域、确定与北约合作等领域的广泛能力发展计划，营造适度监管、保护组织敏捷性的环境，并加强与产业界的合作，积极推动相关技术领域的投资和研发。

（二）出台成员规划，指导创新生态建设

重视技术创新，欧洲主要国家纷纷出台科技规划，进一步强化各成员国国防技术研发能力，推进创新生态建设。2021年7月，英国公布《英国创新战略：创造未来以引领未来》，强调私营部门是新兴技术的重要载体，要从国家层面，利用现有研发和创新体系，支持私营部门创新，活跃英国新兴科技发展；9月，英国发布首份《国家太空战略》报告，提出英国将建立"平衡的防御太空组合"，通过将现有核心项目与新举措相结合，整合当前和计划中的管理能力，确保英国保持创新活力，有能力应对现代军事冲突；11月，英国战略司令部发布《战略司令部战略》，积极倡导整合能力与敏捷性，具体措施包括实施多域整合变革计划、加强工业伙伴关系、调整战略投资优先顺序等；战略还提出要通过建立国防人工智能中心、利用国防演习计划进行试验、支持国防部2020年科技战略、增加试验和培训机会、持续加大研发投资等措施，解决司令部的科技问题。5月，法国政府正式公布国家云计算战略计划，以使法国确保云数据得到更好的保护，避免数字主权受到损害，最大限度绕开《美国云法案》等美国法律的长臂管辖，确保法国云计算企业的未来竞争力。8月，意大利国防部对外发布《2021—2023年多年度国防规划文件》，文件涉及多个国防科技项目实施计划，提出先依托现有技术体系实现基本作战能力、再借助技术进步与国际合作逐步成熟作战能力、最后实现运营配置维护/综合后勤支持的分阶段实施方案。

（三）发布数字政策，谋求数字能力自主

伴随着数字经济的进一步发展，欧盟在全球数字经济中扮演的消费者角色而非主要提供者角色越来越明显，已严重影响了欧洲国防科技的发展，这迫使欧洲不得不加强对数字领域的监管，谋求数字发展的新途径。2021年以来，欧盟及英国不断出台指导性文件，从能力目标、建设重点、项目转型等多方面规划数字能力提升。3月，欧盟发布《2030数字指南针：欧洲数字十年之路》纲要文件，继续探索"欧洲数字化十年"路线，具体阐述了2030年欧盟的数字能力总目标及11个分目标，涵盖数字化教育与人才建设、数字基础设施、企业数字化和公共服务数字化等四个方面，旨在发展公平、竞争和资源高效的欧洲数字经济生态，加速欧洲的数字化发展；5月，英国国防部发布《国防数据战略：构建数字主干，释放国防数据的力量》文件，提出国防数字主干的建设会聚焦英军的作战设想来加大技术投资力度，并最终实现英军与国防供应商和盟国军队的互联，获得"可持续"的军事优势；7月，英国国防部发布新版《陆军数字化：THEIA》文件（第一版于2020年11月27日发布），强调与各领域合作伙伴和盟友的合作，促使陆军在激烈竞争时代实现数字化转型，并承诺要在未来2年内建立权威机构并采用灵活的采购方法，发展数字化技能和文化，支持陆军目前正在进行的数字化转型项目。此外，欧盟还通过出台《数字服务法》和《数字市场法》等数字领域法案、实施数字服务税等途径，加强网络监管，寻求"数字话语权"。

二、优化管理体制，加速推进科技创新发展

为贯彻欧洲防务一体化战略规划和科研部署，欧盟和欧洲一些主要国家通过建立创新集群、相关管理部门、技术研发中心等机构，加快推进国防科技创新发展。

（一）成立量子通信网络联盟，提升欧盟通信安全

2021年5月，欧盟委员会成立了研究未来欧洲量子通信网络设计的联盟，联盟由空中客车公司牵头，意大利莱昂纳多、CNR、INRiM、法国Orange、PwC等公司和机构组成，成员包括大型系统集成商、电信和卫星通信

运营商、服务提供商以及研究机构，在研究领域与职能上形成互补优势。该联盟在研究过程中，充分利用并加强每个成员在各种量子项目中的现有贡献，结合 CNR 和 INRiM 等带来的意大利量子骨干网现场经验，确保整个欧盟关键基础设施与政府机构之间实现安全通信。联盟计划在 15 个月内研究制定出详细的实施路线图，包括各个实施阶段的成本、时间表以及端到端系统的细节，设计出支持量子密钥分发（QKD）服务的地面段，2024 年制成演示样机，2027 年实现初始运营。

（二）设立太空司令部，加强太空领域研发

为获取太空优势，欧洲主要国家谋求组建自己的太空司令部。2021 年 4 月，英国宣布正式成立太空司令部。人员由英国皇家海军、英国陆军、英国皇家空军、文职人员和商业机构的重要人员组成，受一名两星军事指挥官的领导，其主要职能包括太空作战、太空人才的培养和发展、开发并实施太空装备项目等。该太空司令部的建立，是认知太空并实施太空作战，保护英国利益持续战略的"里程碑"式举措；7 月，德国宣布成立太空司令部，以满足军队对太空数据、服务和产品与日俱增的依赖，并保护德国的太空系统，投资太空态势感知项目。此前美国、法国、日本已组建太空部队或宣布成立太空司令部，如图 1 所示。

此外，2021 年 1 月 1 日起法国正式启用法国航空航天战略研究中心（CESA），以更好地支持航空航天部队（法国空天军，AAE）的发展，其主要任务是负责确保内部与外部影响的协调一致性，通过青年活动、合作伙伴关系、研究和出版，以及继承保护发扬历史遗产和传统，促进法国空天军与学术界和民间社会的紧密联系，特别是通过伙伴关系，与空天军和各大学院保持密切合作，促进协同创新发展。

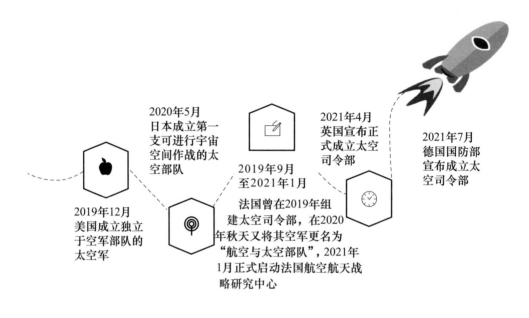

图 1　各国建立太空军时间

（三）建立技术研发机构，推进国防科技创新

成立量子、神经计算、人工智能等变革性技术研究机构，加快变革性技术研发进程。5 月，德国宇航中心在乌尔姆基地正式成立新的量子技术研究所，旨在开发基于量子力学效应的先进技术，并将与业界开展合作，致力于逐步提高技术原型机成熟度并投入使用。新成立的量子技术研究所可为科研人员提供理想的研究环境，为新创新奠定基础，并将这些创新通过技术转让进入工业领域，填补了基础研究和应用之间的空白；3 月，英国国防科技实验室宣布设立"探索部"，借助地平线扫描、系统思维、兵棋推演、模拟仿真等手段，识别和加速国防与安全领域量子、神经计算等变革性技术、系统、概念和战略，将好点子转变为概念性的部队设计和策略，为英国武装部队和安全部队提供改变游戏规则的能力；5 月，英国国防装备和支持部与英国陆军合作设立了远征机器人专家中心，该中心隶属于英国

国防装备与保障总署的未来能力小组,职能包括持续跟进现有创新项目、评估尚未探究的高风险技术和快速成熟的高风险技术等,在管理上比较开放,除汇聚来自英国国防、政府、学术界以及工业界的机器人技术与自主系统专家的智慧外,还直接面向市场,确保诸多概念顺利提出。

三、投资先进技术,构建战略自主创新能力

2021 年以来,欧洲国家科学界持续开展具有代表性的颠覆性技术、前沿技术及使能技术的研发力度,捍卫欧洲基于开放的科技自主权,提升国防科技领域的创新能力。

(一)布局未来,加大主要颠覆性技术开发

在量子科技领域,注重跨域合作。2021 年 2 月,英国研究与创新署立项 7 个尖端量子技术项目,在实施过程中积极获取专门支持多学科和跨学科研究的战略优先基金的支持;5 月,法国泰雷兹集团联合澳大利亚塞内塔斯公司推出世界首个抗量子网络加密解决方案,使网络客户免受未来的量子攻击;6 月,英国、意大利、比利时、奥地利等欧盟国家共同合作,加紧开发一个基于卫星的量子加密网络,可利用量子技术的突破来防范日益复杂的网络攻击,并将最终实现盟国之间的互操作性,战斗机和其他作战单元及指挥控制中心将能够通过独立控制的网络更安全地共享通信。

在人工智能领域,加强顶层指导。2021 年 4 月,欧盟委员会发布《人工智能协调计划 2021 年修订版》,继第一版《人工智能协调计划》与《人工智能白皮书》之后,成为指导各成员国协调行动、共同实现欧盟人工智能发展目标的最新文件,旨在实现欧盟占据人工智能全球领导地位的目标;同时,欧盟委员会发布《人工智能立法提案》,以建立人工智能技术的统一

规则及监管框架，加强整个欧盟范围内对于人工智能的使用、投资和创新，开发动态的欧洲人工智能创新生态系统。作为响应，欧盟主要国家纷纷加快人工智能研发步伐。2021年5月至6月，英国皇家海军将人工智能决策辅助工具列入"海上演示/强大盾牌2021"演习；5月，法国成立大数据与人工智能平台的合资企业；9月，英国战略司令部创新中心与美国签订研发基于人工智能技术的新型多域部队保护技术合同；11月，由英国和法国共同尝试在导弹武器技术创新中开展人工智能技术应用；12月，英国启动人工智能军事应用及其风险分析。

在自主技术领域，强调人力节省。2021年1月，英国伊卡洛斯蜂群团队推出新型微型无人机，该机型采用智能算法和可协同技术，在紧急情况下改变军队战略无须转移军队的注意力和人力；2月，英国国防部继续资助国防科技实验室"国防安全加速器"项目，旨在推动海军舰船以尽可能少的人机交互操作来执行长航时任务；3月，欧洲机器人公司和反无人机系统解决方案提供商合作推出移动自主反无人机系统，能够利用最先进的人工智能和机器学习模型，准确探测、分类和瞄准巡飞弹和其他飞行物体；9月，英国国防科技实验室继续推进无人车核生化探测和后勤补给开发，旨在探索探测核生化危险的自主机器人解决方案，消除人员进入危险区域的必要性；10月，法国A18D自主水下潜航器完成评估，在自主处理海洋学和水文数据现有能力方面取得进展。

（二）牵引转化，重视关键使能技术创新

在通信技术领域，加强6G创新。欧盟通过大型科研项目，与产业界、各成员国协同合作，为未来6G通信技术领先奠定基础。2021年1月，欧盟启动旗舰6G"Hexa–X"项目，推动欧洲大陆围绕该技术的开发工作，研究团队汇集了来自欧洲的25家企业和研究机构；3月，欧盟委员会宣布，将投资"智能网络和服务"合作伙伴项目,以促进5G发展和6G研发;6月,欧盟5G基础设施协会发布《欧洲6G网络生态系统愿景》白皮书,从技术、社会、政策和商业等角度为政策制定者和企业提供了一系列建议;11月,英国与斯洛文尼亚合作,开发中子无线通信技术,证明了快中子辐射作为无线通信介质的潜力,适用于传统电磁传输不可行或受限制的应用领域。

在网络技术领域,加强防御能力建设。2021年7月,欧盟引入"欧洲国防工业发展计划"新成员——芬兰,以开发可增强海上监视能力的新一代雷达网络系统;8月,英国国防与安全加速器机构启动"减少网络攻击面"的创新项目,防止对军事平台进行网络攻击;8月,英国国防部宣布完成其首个漏洞赏金计划,对国防部内部系统的数字资产中需要修复的漏洞进行了调查和识别,以帮助英国国防部更好地保护和捍卫其网络系统和设备。

(三)关注焦点,支持时代热点技术攻关

在生物技术领域,积极应对病毒威胁。2月,欧盟委员会启动"卫生应急准备和响应管理局孵化器"欧洲生物防御准备计划,汇集科学、工业和公共当局所有可用资源,助力欧洲应对冠状病毒变异的威胁;4月,欧盟委员会拨付专有资金,开展变异新冠病毒的紧急研究,使短期到中期的变异新冠病毒威胁得到缓解,同时为未来确保欧盟能够预测和更好地应对未来可能发生的流行病做好准备。2月,英国批准新冠病毒人体挑战试验,招募健康志愿者,帮助科研人员了解人体对病毒的反应、病毒的传播方式,以及引发感染所需病毒的最小数量,以加速对新冠疫苗和疗法的了解和开发。

在太空技术领域,聚焦实战应用。4月,法国联合德国、意大利等国家举行了首次跨国太空军事演习,对法国太空指挥流程和系统进行了测试,模拟了不少于18种类型的太空威胁场景,对未来太空作战需求进行了评估;

4月,英国国家物理实验室与英国创新基金会合作,向英国"国家授时中心"计划提供670万英镑资金,以支持其弹性授时与应用方面的创新研究和技术验证。

四、集聚各方力量,促进军民协同创新

欧盟及欧洲一些主要国家,技术和经济发展不一,国防科技与军队建设进度存在重叠与交叉。为节省不断攀升的研发成本,应对武器装备的升级换代,欧洲各国在多个层面进行合作,发展和转化两用技术,共同推进欧洲地区的军民协同创新。

(一)制定战略框架,促进军民协同创新

2021—2027年,欧盟将首次拥有大量可支配的国防资金,并计划从2021年起,在欧洲国防基金、欧盟空间计划、地平线欧洲、数字欧洲、连接欧洲设施、内部安全基金等欧盟项目之间创造协同效应,扩大对民用、国防和太空应用关键技术的支持。在此背景下,欧盟会于2月份发布了《促进民用、国防和航天工业协同发展的行动计划》,以建立一个连贯的战略框架,寻求不同欧盟计划之间的协同效应,积极推进军民融合,从而最大限度地利用欧盟资助的研发项目,使欧盟资金的价值最大化。

(二)规范行动指南,牵引民防统一行动

在创新方法方面,欧盟提倡采用能力驱动工作法(Capability Driven Approach,CDA)增加产品的安全系数。CDA是一种使研发过程与最终用户在能力开发上保持一致的方法,有两个关键功能:一是用户定义所需的能力内容;二是用户阐述购买产品的意图,以此来确保所开发产品满足用户的能力需求。能力驱动方法允许明确的政策引导,提倡运用前瞻性思维,制

定长期规划和可预见性策划,可确保所有利益相关方的跨学科方法和研发各阶段进程同步,其在太空领域和国防部门非常有效。

在协同增效方面,欧盟提出要增加融资渠道,充分利用私人资本,加速国防科技创新。欧盟在战略框架提出,要有针对性地解决活跃于国防和航天高度复杂行业中的中小企业、初创企业和研究机构面临的具体问题,引导其更好地识别欧盟项目下的融资机会,使其从商业促进服务中获利,展示创新解决方案,更便捷地进入国防、安全、空间或相关民用市场。中小企业、初创企业和研究机构可通过"投资欧洲"计划、欧洲创新中心探路者计划、加速器计划、欧洲创新委员会混合融资等渠道为企业的高风险创新获得资金支持,包括资助、贷款和股权等多种形式的融资组合。

在关键技术方面,欧盟计划利用自己的资源,在其服务范围内建立一个关键技术观察站。该观察站将与太空和国防方面的欧洲利益攸关方,特别是欧洲航天局和欧洲防务局,以及工业界密切合作,通过定期监测和分析的方式,对国防、太空和相关民用工业的关键技术进行全方位、无死角洞察,具体包括关键技术的基础设施、核心内容、依赖关系、价值链等各个层面,并将其形成机密报告,供决策者使用。观察站还将在报告中识别和监测产品、服务、技术和行为体方面的战略依赖关系,以便采取有针对性的措施来加强欧盟的技术主权。

(三)借助旗舰项目,促进两用技术转化

2022年开始实施"欧盟无人机技术"项目,旨在与工业和国防利益相关方一起,从民用和军事角度确定需要解决的技术挑战,以进一步发展欧洲无人机能力。该项目将成为"欧盟无人机战略2.0"的一部分,项目重点关注无人驾驶技术基础的发展,增强技术主导权,提高欧盟在这一关键技术领域的竞争力;启动"天基全球安全通信系统"项目,旨在为欧洲公民提供关键服务,如为政府和商业通信提供可靠、安全和经济有效的连接,以及在整个欧洲普及高速宽带。该项目为"伽利略"/"埃戈诺斯"卫星和"哥白尼计划"的补充,能为政府和企事业单位提供高度安全的信息连接和通信服务,可彰显欧盟低地球卫星基础设施的先进性、前沿技术的领先地位和地缘政治较大的影响力,以增强欧洲的战略自主权和韧性;启动"太空交通管理"(STM)项目,旨在制定STM标准和规则,避免卫星和太空碎片扩散可能导致的碰撞事件。推广STM将避免非欧盟标准成为太空规范的风险,有助于建立一种国际化标准来进行技术管理,提升欧洲技术主导性影响力。

五、持续出台政策文件,加强科技人才队伍建设

2021年,欧盟及其主要国家高度重视科技人才队伍建设,纷纷将科技人才队伍嵌入各大政策文件中,从政策保障、招募方式、能力提升、创新环境等各个层面,激发科研团队创新活力,提升科技人才质效。

(一)欧盟出台政策文件,发展和保留高科技人才

2021年9月,欧盟发布《欧洲行动能力和自由》报告,报告强调要发展和留住符合欧盟目标的人才,具体措施如下:一是调整社会政策,规范劳动力市场,遏制经济不平等现象加剧;二是为青年就业打造有针对性的规划与计划,增加青年就业的意愿,激发新一代创新人才的工作激情;三是出台向新型工作过渡的保障政策,加大对新型工作的培训,确保新兴技术行业人才饱满;四是不断更新教育和培训系统,紧跟时代发展步伐,及时补充先进思想和新兴技术,确保未来人才库的质量;五是出台多项政策,加大资助力度,鼓励人才留在欧洲,减少人才外流。

（二）英国适时调整政策，夯实人才质量根基

英国 2021 年于 3 月、5 月、11 月，先后发布《竞争中的防御》《国防数据战略》《战略司令部战略》等文件，提出了英国建设、保留科技人才的具体措施。一是创新人才招募方式，更新职业结构。创建高效灵活的招募制度，改进聘用方式，增加公立中学人员指标，从社会各界吸纳人才，打破军人、文职人员、工业部门人员之间的流动壁垒；二是加强教育培训，提升技能现代化。持续加大投资，融入先进技术，进行职业课程专业认证，增加政府、企业和学术界的互联互通，更新高效灵活的管理制度，提升人员的创新能力；三是注重标准化建设，确保人员技能的互操作性。为专业人才制定共同的发展框架，提供清晰的能力规范、发展方向，采用通用的人才管理方式，确保专业人才能力的通用化，推动关键技术人才在国防部内部的互操作性；四是加大环境改善，提高创新意识。作战能力的提升，离不开创新的生态环境。要真正实现各个战略文件的愿景，需要在国防部及各科研组织、机构内部建立敢于冒险、勇于批判的思维模式，营造鼓励创新的思想氛围。

（三）法德注重关键领域发展，加速培育专业技术人才

依据《德国人工智能发展战略》修订版，在 2021 年起的未来几年，德国联邦政府人才培养的重点将放在职业人才在岗培训上，政策将向高等教育和职业教育阶段人工智能专业人才培养的方向倾斜，同时加大对人工智能技术研发人员工作和研究环境的创造，以提升工作效率，激发创新热情；法国结合 1 月份启动的量子技术国家战略，有针对性地加大人才培养力度，并提出了保住人才的三大措施，吸引优秀人才到法国发展，不断扩充法国的人才库：一是加大对科研人员工作环境的改造；二是加强对人员的专业培训力度，从各个维度为技术工作者提供创新资源；三是对论文提供者、博士后和研究人员提供资助。

  2021 年，欧盟科技战略文件和发展措施的制定，不仅为欧洲指明了国防科技在未来发展的重点和方向，而且推进了欧盟对科研实施一体化的筹划，进一步促进了欧洲各国打破科研规划和保障政策的差异，加强欧共体间的科技合作，为最终实现欧洲防务自主和一体化提供了强有力的支撑。

（军事科学院军事科学信息研究中心　张燕　魏俊峰　雷帅　张代平）

2021 年日本国防科技管理发展综述

当前,全球新冠疫情持续发酵,新兴技术发展愈加成熟,世界战略格局和国家军力布局发生深刻变化,国防科技创新已成为各国综合国力竞争的关键要素和基础支撑。2021 年,日本新老政府交替,军费预算首次突破 GDP 占比 1% 的红线,防卫省加速国防科技前沿研究战略部署,优化调整国防科技管理体制机制,深度挖掘民用科技资源能力,不断夯实国防科技人才根基,力促国防科技领域持续创新发展,全方位提升防卫作战能力。

一、强化战略规划顶层谋划,瞄准科技前沿加快布局

全球科技霸权之争愈演愈烈,新一轮科技革命和产业变革加速演进,日本瞄准科技和产业发展前沿,持续出台科技战略规划文件,系统谋划科技发展思路和主攻方向,牵引国防科技创新发展,疫情重创下军费预算再刷新高,前沿技术研发投入力度前所未有。

(一)持续完善科技发展顶层设计,突出国家政策引领

为实质性落实"科技立国"战略,确保科技创新国际竞争力,日本政府立足世界科技形势与日本科技发展现状,基于《科学创新基本法》,每5年编制一期具有前瞻性和战略性的科技创新战略计划,主导国家科技创新突破发展。

3月,日本内阁发布被称为日本科技创新"六五计划"的《第六期科学技术创新基本计划》,出台系列举措支持科技创新,构建极力激发各创新主体能力的体制机制,力促加快新价值创造和提升前沿知识与科研能力。

6月,日本政府发布"科学技术综合创新战略2021"和2021年版《科学技术白皮书》,前者作为落实《第六期科学技术创新基本计划》科技创新政策的首年行动方针,提出官产学研协同推进重点技术领域创新、强化综合科技创新会议顶层设计与规划牵引作用等政策要点;后者强调发展超级计算机、人工智能、量子等前沿科技领域,加大科技基础研究与人才开发力度。

10月,日本科技厅科技政策研究所发布《2021年科技创新白皮书》,强调高效推进科技创新政策,促进国家重要战略前沿的研发活动,夯实科技创新基础能力,多举措激发社会创新创造活力。

(二)加速国防科技战略文件修订,深化国防科技顶层指导

当下国际战略形势急剧转变,日本难以应对周边国家军事技术发展速度。岸田新内阁上台后,立足日本国防力量建设全局发展,加快修订国防战略文件步伐,力图重塑地区军力平衡。2021年11月,日本执政党正式启动修订日本安保政策相关三大战略性文件的讨论程序,欲推动"对敌攻击能力"的公开化、政策化和战略化。基于《国家安全保障战略》《防卫计划大纲》《中期防卫力整备计划》三大战略性文件,日本形成由总体战略、中长期发展规划、技术发展路线图组成的国防科技战略规划体系,统筹谋划日本未来国防科技发展。

综合动向分析

在总体战略层面，2014年制定的《防卫生产和技术基础战略》是日本首次出台国防装备生产和研发的基本方针，提出通过国防工业改革、两用技术转化等举措，强化国防工业能力。2016年出台的《防卫技术战略》仍继续沿用，锚定维持防卫技术优势和研制先进武器装备两大目标定位，通过技术情报收集、技术培育和技术保护三大循环，提升日本关键领域技术优势。

在中长期发展规划层面，《中长期技术评估》筹划未来20年前沿科技领域发展方向，重视吸纳民间科技力量，打造关键核心领域的科技创新引领性优势，突出无人化、智能网络化、定向能、现役装备性能提升四大重点发展方向。

在技术发展路线图层面，技术发展愿景基于科技发展最新态势，就某项关键领域技术制定中长期国防技术研发路线图。截至目前，防卫省已发布《未来战斗机研发愿景》《未来无人机研发愿景》《构建多域综合防卫力量研发愿景》，明确未来装备研发概念及实施路线，力求指导日本未来科技创新突破。

（三）突破军费开支限制，刷新国防技术投入高点

日本军费预算连续10年创新高。12月，日本政府内阁会议通过2022财年5.4万亿日元国防预算，加上11月通过7738亿日元的2021财年国防补充预算案，2022财年国防预算总额高达6.2万亿日元。两者作为2022财年预算整体被日本政府定位为"加快防卫力量一揽子计划"，金额合计约占GDP总值的1.1%，突破军费GDP实际占比1%的限制。为应对在全球技术优势争夺，日本国防科研经费大幅攀升，2022财年国防科研预算高达2911亿日元，比2021财年增加37.6%，接连刷新历史高点，其中包括高达65亿日元用于拦截高超音速导弹的电磁轨道炮等尖端技术研发经费。

(四)聚焦前沿关键战略领域,指引创新技术统筹发展

人工智能、区块链和量子信息等前沿技术已成为全球科技创新最为活跃的前沿阵地。各国纷纷加强特定领域的针对性战略部署,应对新科技革命的快速演进。为确保关键技术和核心基础不受制于人,日本加速科技创新领域布局,瞄准太空、半导体、信息通信等重点领域,出台具有前瞻性、先导性发展战略、白皮书等文件。

6月,日本政府首次发布《半导体数字产业战略》,提出从国家战略层面加大事关国家安全的尖端半导体设计研发与产能,提高卡脖子技术研发的联合攻关力度,将数字化投资放在突出地位,大力推动绿色技术创新,全力将日本打造成为集技术创新、系统研发和社会应用为一体的全球中心。同月,日本政府发布新版《2050碳中和绿色增长战略》,明确未来通过技术创新驱动经济增长的14个领域行动计划与路线图,鼓励企业大胆投资和创新研发,以科技创新带动科技飞跃。

7月,日本政府发布2021年版《信息通信白皮书》,分析总结信息通信领域产业的现状与政策动向,强调日本在常态化疫情之下,亟须加快数字一体化发展进程,未来重点谋求在5G等通信基础设施建设、网络安全、数据处理等关键领域实现重大突破。

二、调整优化国防科技管理体制,支撑新兴技术全链路创新发展

2021年,在国家科技创新顶层战略指引下,日本持续深化国防科技管理体制改革,设立"下一代装备研究所"打造跨域技术融合发展平台,新设"技术合作推进官"聚焦前沿技术情报搜集与分析,成立装备试验评估机构,推动军内科研单位、大学、企业和民用机构开展新兴技术创新,打

通基础研究、应用研究和成果转化全链路创新路径，促使创新技术快速高效形成作战能力。

（一）整合厅内尖端装备研发机构，聚焦跨域技术高效研发

日本防卫省力图在高新技术武器装备研制上发力，摆脱条块分割局限，加强装备研究力量综合优势集成，加大科技前沿情报跟踪与攫取，提升跨领域武器装备研发效率。3月末，日本防卫省一体整合防卫装备厅电子装备研究所和先进技术推进中心，新设"下一代装备研究所"，负责武器装备前沿技术研发，以及信息通信、电磁领域等涉及多类型装备的跨域技术高效研究，驱动尖端技术融合创新，打造跨部门跨领域整体合力。

"下一代装备研究所"旨在有效维持和加强试验与评估等基础能力，打破原有体制的技术转化应用壁垒，实现研究成果运用到装备成型的一体化管理。该所由跨域功能研究部门、先进技术研究部门、信息通信研究部门、传感器研究部门、电子研究部门五大部门以及场地开阔适合进行电磁等各项试验评估的饭冈分所组成。

（1）跨域功能研究部门通过与其他装备研究所密切合作，突破传统装备系统、特定物理和信息领域限制，开展实现跨领域、新战法的"新功能"研究，灵活应对日趋复杂的安全环境。

（2）先进技术研究部门聚焦先进技术的考察、调研和试验，以及情报搜集领域的判定和情报可视化领域的调研。该部门还负责开展"桥接研究"，根据国内外技术最新情况，分析研判颠覆性萌芽技术的发展潜力，探讨验证培育相关技术应用情况，根据技术发展潜力提出创新应用方案，着力挖掘潜在需求，畅通技术成果转化应用通道。

（3）信息通信研究部门和传感器研究部门分别负责信息解析处理、通信网络等技术，电磁传感器和光波传感器及其系统集成技术的调研分析。

（4）电子研究部门推进光电干扰技术、高功率电磁网络电子战应用等评估调研。

（二）新设职位挖掘先进民用技术，确保国防技术领域优势

军民两用技术转化、融合趋势日益明显，日本逐步摆脱第二次世界大战后的诸多束缚和限制，将军用潜力尖端技术情报的搜集与保护作为主攻方向，加快推进民技军用。

3月，防卫省在防卫装备厅技术战略部新设"技术合作推进官"，支撑大学、企业、研究机构等基础研究成果的转化运用和落地应用，促进与防卫省外部研究机构的深度联动合作。防卫装备厅还计划搭建相关数据库，旨在高效分析全球先进技术情报，提升科技发展趋势洞察力，为未来自卫队精准需求提供便利。

4月，防卫政策局新设"经济安全保障情报企划官"，搜集和保护具有军用潜力的尖端技术情报，严防日本技术情报泄露。

同月，航空自卫队参谋部新设由航空自卫队成员担任的"科学技术官"，该职位的管辖职责包括：收集整理参谋部所管辖科技领域有关的资料与情报；向防卫省装备厅提出航空装备研发要求；提出航空装备研发改进建议和规格样式等。

此外，防卫省计划2022年在防卫装备技术厅设置"技术政策总括官"，广泛跟踪、分析、研判国内外前沿技术情报并制定相关装备研发政策，突出强化国防科技政策管理与战略产业链保护。

（三）创立科技创新部门机构，加强科技资源统筹协调

2021年，日本持续深化调整科技创新部门机构，为各方力量科研攻关和协同研发提供体制支撑。

4月，日本新设"科学技术创新推进事务局"，承担日本科技政策最高决策和协调机构"综合科学技术创新会议"的秘书处职能，从国家战略高度强化横跨文部省、防卫省等多部门的统筹协调，主导科技创新政策落地落实，强化政府科技创新体系的指挥中枢职能。目前配备参事官及以上级别人员70余人。

9月，日本防卫省在山口县岩国市新成立"舰艇装备研究所岩国海洋环境试验评估站"（IMETS），利用模拟技术对装备可靠性进行各类试验评估，同时为促进民用领域的转化应用，力推高校和科研院所的研发合作与科技资源开放共享。

（四）调整自卫队编制体制，强化跨域新质能力统筹管理

太空、网络和电磁等新兴领域军力建设的重要性日益凸显，日本欲借助新质战力赋能传统军事力量，不断调整自卫队编制，以抢占未来战场致胜先机。

3月，自卫队联合参谋部职能机构框架内新设负责太空领域装备研究的5人编制"太空企划班"，指导规划太空联合作战，构建跨域作战体制。陆上自卫队参谋部指挥通信系统课新设"网络电磁领域班"，统筹协调与推进网络电磁领域事务。

此外，日本计划筹建网络作战培训部队，将原本分散在陆海空各自卫队的相关人员进行整合，形成统一指挥下的作战力量，强化对网络作战实施方法、战术运用、攻防配合等方面研究，承担自卫队的网络作战训练任务和培养网络战相关人才。

三、健全完善国防科技管理机制，加大官产学研协同创新力度

加快国防科技协同创新是世界主要国家适应世界战略和军事格局变化

趋势、赢得全球新兴技术竞争优势的普遍做法。日本不断优化安全保障技术研究制度，简化项目申报和经费处理手续，吸引高科技民用企业、科研机构融入国防领域协同创新体系，扶持原创性和先驱性研究，借力官产学研融合和创新制度改革，打造科技协同创新发展生态环境。

（一）持续优化安全保障技术研究制度，提高管理灵活度

日本安全保障技术研究制度，是防卫省资助的国防科技创新项目，通过下拨专项资金调动各方科研力量进行具有军用潜力、独创性和颠覆性的基础与前沿技术研究。2021年，防卫装备厅继续优化安全保障技术研究制度，在人工智能等新兴技术领域取得重大创新成果，并推动前沿创新技术项目电子化、规范化、一元化管理。在2021年的91项参选课题中，共有23个研究课题入选资助名单，相较往年，2021年更偏向脑机接口、情报科技、脑科学研究等领域。截至2021年11月，累计发表181篇论文、710次口头报告、227项专利成果。2020年共验收通过21个课题，其中可签署多年委托合同的大型课题S型7个、关注项目创新性的小课题A型5个、更具探索性、高风险性的小型课题C型9个，并在激光、人工智能、电磁波、材料、化学、量子、增材制造等新兴技术领域取得较大创新突破。2021年发布的成果包括用于船舶的高能量密度可充电电池研发、二维功能性原子薄膜颠覆性红外传感器研究等。

2021年，日本内阁和防卫省出台相关政策文件，精简审批流程，优化合同管理程序，推动竞争性资金资助项目相关事务性手续的电子化、统一化、简便化和合理化进程，提高国防科技创新项目管理效率。2021年3月，日本内阁发布《关于竞争性研究费相关事务手续等统一规定》，政府各省厅针对所有竞争性经费和其他公开征集研究费用均不分领域，都统一作为竞争性研发费基于此规定进行管理。

防卫省根据该规定，修订《安全保障技术研究推进制度委托合同事务处理指南》，一是将经费流转限制从20%扩大到50%，大幅增加经费使用弹性，且在贷款期间，可将贷款临时用于其他研发活动；二是放宽研究成果公布资料的提交条件，仅限给社会带来较大影响时要求提交；三是追加知识产权转移等时豁免国家批准的规定，如子公司向母公司转移知识产权时无须国家批准；四是明确合同期限、延续条款、文献引用、防止不当行为制度义务，以及协助后续调查等规定。此外，为减轻研究人员负担，该制度减少与防卫省签订合同前的申报资料，如确认经费管理和审计体制的资料仅需提供清单。

（二）促进深度官产学研协作，形成开放创新合力

当前，全球开放协同创新生态日臻成熟，日本各政府部门竞相建立协同创新机制，加强官产学研用多方紧密合作，打破各部门之间的行政壁垒，推动军内科研单位、大学、企业形成国家级技术攻关创新联盟，形成国防科技开放创新合力。

1月，日本政府宇宙政策委员会发布《加速太空开发利用战略计划的基本方针（草案）》，认为太空活动迎来从政府主导转变为官民共创的时代，整合不同领域的先进技术变得不可或缺，日本亟须消除各省厅行政壁垒，推动官产学研不同参与者共同致力于高技术研发，创设"加速太空开发利用战略计划"（星尘计划），战略性确定推进的研发项目。

3月，星尘计划确定了小型卫星星座基础技术、太空飞船外部及轨道通用机械臂与机械手技术、"向日葵"科学卫星的高性能化技术3个战略研发新项目，汇聚官产学研各界力量快速响应新技术和能力。

6月，文部省正式启动"小型技术创新卫星研发项目"，由日本宇宙航空研究开发机构牵头，联合企业、大学和研究机构开展政企共享的创新性卫星技术研发，并实践短周期的敏捷开发方法，以期提高日本卫星服务竞争力和创新用户需求。

此外，日本政府将委任产业技术综合研究所牵头并领导筑波创新园区各成员单位，包括国立物质材料研究机构、筑波大学、高能加速器研究机构等组建创新联盟，联合半导体制造、材料企业，共同搭建并利用技术研发与测试平台，系统高效推进微细化工艺和 3D 工艺技术开发项目，加大开放创新力度，谋求产业合作共赢。

（三）优化小企业创新制度，激发民间创新动力活力

日本基于《中小企业经营强化法》，自 1999 年起启动中小企业创新研究制度（SBIR），意图通过每年 400 亿日元规模资助，鼓励中小企业开展科技创新开发活动。

但由于促进创新产出成效不足，2021 年日本政府将 SBIR 转为《科学技术创新活性化相关法律》管辖之下进行大幅改革。新 SBIR 旨在通过激励初创企业提高研发创新能力，推动科技创新成果顺利转化，从而激发社会整体革新创造活力。新 SBIR 实施公开招募和执行相关统一政策，采用更加灵活的促进研究成果转移转化合同制度，从技术萌芽期到产业化落地为中小企业提供有力支撑。

2021 年 SBIR 面向中小企业发布"Beyond5G 技术研发和产业化"项目招标公告，旨在招募满足超高速、超低延时、自主性、超大扩展性、超安全可靠性等要求的全新应用开发研究提案。自 2021 年起，安全保障技术研究制度被指定为 SBIR 经费补助的对象，推动中小企业创新能力引入国防科技领域。

（四）加大前沿创新资金扶持，打造更优创新生态环境

颠覆性技术创新优势助推国家整体实力提升，日本政府不断加大前沿科学国际合作项目资助力度，营造开放创新生态环境。

12月，日本文部科学省决定新设推动原创性和先驱性研究的"国际先导研究"项目，期限最长可延至10年，最高可资助5亿日元，每年15个名额。该项目资助拥有出色研究成果和国际人脉的顶尖研究人员领导优秀研究团队，推进国际联合研究，要求博士后和博士生须占整个团队8成。该项目目标在于培养具有国际竞争力的青年研究人员，提升日本科研整体实力和核心竞争力的同时，通过资金申报避免尖端技术外流。

此外，装备制造处于价值链高端和产业链核心环节，决定整个产业链综合竞争力，为推动日本军工企业技术改造，提振国防工业，防卫省决定自2022年春季起，大力支持积极购入新设备和新系统，提高生产效率和装备性能的军工企业，资助比例将高达50%或者2/3，缓解企业资金压力，强力推动创新技术变革和提升装备制造综合竞争力。

四、数字变革赋能国防技术创新，经济安保体制护航风险防控

新冠疫情全球蔓延加速了数字化创新发展，各国争相抢占数字化转型先机。为改变数字化转型明显滞后困局，日本加快数字化变革步伐，通过系列措施消除法律障碍，聚力加速各领域数字化转型。在地缘政治冲突加剧，国际经济秩序面临深刻调整背景下，经济安全被视为日本国家安全保障及国家战略的重中之重，尤其当新首相岸田文雄组阁后，将经济安全作为任期间亮点政策，已逐步具体细化到实际行动。

（一）加速推动数字化手段，为国防科技创新提供条件

新冠疫情暴露出日本数字化转型滞后弊端，日本采取系列举措加快数字化改革步伐，推动武器装备成本数据库和数字工程前沿技术创新发展，加快数字化手段在国防科技领域的应用。2月，日本发布《数字化社会形成

基本法案》，旨在促进社会数字化转型和数据高效利用，并取代 2000 年制定的《IT 基本法》，同时将修改 50 余部相关法律，通过削减盖章要求、简化书面手续、设立新管理机构等方式，改变目前中央政府、地方政府和民间组织各自为营的数据保护机制，助力日本早日建成数字社会。5 月，日本通过了《数字改革关联法》等 6 部相关法案，并于 9 月正式成立数字厅，作为数字化改革的"司令部"，负责维护、管理国家信息系统，保证各地方政府的共同使用和信息协调，同时力争在医疗、教育等社会领域推动数字变革。

2021 年，防卫装备厅持续加紧构建武器装备的全寿命周期成本数据库，将实现对装备制造成本的一元化管理与对比分析，扩大装备采购数据采集和数字化工作，有效验证装备及维修服务价格合理性，大幅提高成本估算精度与效率。防卫装备厅进一步扩大成本调研范围，增加从民营企业获得生产成本数据的机会，目前已进入实际数据录入并验证有效性的试运行阶段，预计最快 2024 年 1 月正式全面启用。同时，防卫省和自卫队深刻认识到数字转型将对国防装备研发、批量生产与维护的各阶段产生重大影响，目前正致力于整合数字工程能力，以高效采购和操作先进装备。6 月，防卫省表明研发下一代 F－X 战斗机时引入数字工程技术，将开放式体系结构应用于 F－X 战机上各任务系统，实现各系统的相互操作和连接，增强战斗机的可扩展性，使未来能在不进行大规模整修的情况下，短时间低成本完成子系统升级。同时，防卫省还在探索将民用部门的先进方法更广泛地整合入防务生产项目的可行性。

（二）构建强有力经济安保体制，强化风险安全管控

随着新科技革命下国家安全保障意涵延伸、新冠疫情下供应链风险凸显、各国竞相确保战略产品供应和获取关键技术，日本岸田文雄内阁加快经济安保战略布局，加强敏感技术外流管控，以应对国际政经形势复杂化背景下日益凸显的经济活动风险。

4月，日本政府"综合创新战略推进会议"决定在2023年内创立调查、研究经济安保相关技术的智库，为政策制定出谋划策。该智库将由日本政府直接管理，在促进军民两用先进技术开发的同时，防止日本先进技术情报外泄。政府拟于9月前以3亿日元委托非官方机构展开调研，并于2023年之前完成机构组建。

10月，岸田文雄组阁后，首次设立经济安全保障担当大臣一职，主要职责是酝酿并制定经济安保方面的重要政策，强调以强有力的手段加大对特定产业的支持。

12月，日本政府明确正在着手成立暂定名为"经济安全保障室"的经济安保指挥中枢部门，横跨中央相关省厅联手合作，确保半导体等关键物资稳定供给，承担政府对重要物资设备脆弱性的事前审查职责，支援人工智能、量子密码等先进技术的研发工作，以及参与确定武器研发等敏感专利申请是否公开。

（三）加大尖端技术海外流出管控，为国防科技创新提供条件

岸田文雄内阁加大尖端技术海外管控，防止日本敏感技术外流，以应对国际政经形势复杂化背景下日益凸显的经济活动风险。

6月，为防止具有军用价值的尖端民用技术通过研究机构流向海外，日本政府宣布拟针对受外国政府"强烈影响"的外国留学生及日本研究人员，采用"经济产业大臣许可制"，防范存在安全隐患的案例发生和敏感技术外流。

7月底，日本政府正式启动"经济安全保障一揽子法案（暂定名）"的草案制定工作，该提案列举了包括完善信息通信基础设施、开发宇宙、强

化网络安全、供应链多样化等 16 项重点课题。

10 月，日本警察厅及各地警局开始面向企业及大学提供"经济安全保障咨询"，设置经济安全保障信息窗口，介绍办案时遇到的技术窃密手段等最新情况并提供应对方案。

12 月，为管控日本重要科技情报，避免尖端技术流向海外，政府考虑最快在 2023 年引进尖端技术专利保密制度，并将其作为经济安全保障推进法案的重要组成部分。

五、夯实科技人才资源基础，全方位构建人才竞争优势

面临科技领域高端人才短缺、科技创新步伐放缓等现状，日本通过人才引进、教育培训、财政资助等举措构筑战略科技人才优势。

（一）多举措提升自卫队专业水平，塑造顶尖创新人才优势

2021 年，日本防卫省起用民间专家型人才，不断充实人才培训体制，开展多样化创新活动，持续向海外美国派送自卫队人员参加学术军事培训，全方位打造高科技专业化的新型作战力量人才。

一是灵活吸纳民间高技术人才。4 月，防卫省自卫队通过夺旗赛等形式，在全国范围内公开招募掌握网络领域最新技术和网络攻击最新趋势知识、技能、经验的"网络安全统筹顾问"，负责向防卫省和自卫队网安政策和相关研究建言献策。此外，自卫队聘请精通数据分析和 AI 算法的外部专家，指导防卫省推动智能化发展。

二是完善教育培训体制。2021 年，陆上自卫队高等工科学校已开设网络专修课程，进一步完善自卫队院校网络教育体制，课程内容包括编程语言等网络业务基础知识，旨在培养未来的网络安全人才。此外，防卫省积

极向专业的网络安全企业学习防范网络攻击,陆上自卫队通信学校还设立了负责网络培训的网络教官室等。

三是参加海外培训与活动。为提高自卫队员在新兴领域的专业化水平,防卫省积极派遣人员到美国参加境外培训。自 2016 年起,自卫队每年均派人参加美国战略司令部主办的"全球哨兵"太空演习。近年来,自卫队向位于美国科罗拉多州的美国空军基地派遣人员学习"太空基础课程",以求掌握对太空的整体认识。2021 年的防卫预算中专门拨款中,鼓励防卫省和自卫队参与太空领域国际法规制定。

四是多样化创新活动提升人才专业水平。2021 年,自卫队、海上保安厅、警察厅、外务省官员数次开展从灰色地带到武装冲突的各阶段兵棋推演,旨在强化部门明确分工,通过对战场态势的综合模拟提升实战水平和专业人才培养。3 月,日本防卫省线上方式举办网络攻击对抗赛,包括网络漏洞竞速赛、硬盘数据恢复等竞争内容,旨在通过竞赛招募网络安全专业人才,强化日本网络防御水平。

(二)不断完善青年人才资助体系,确保未来科技创新人才

青年人才是科技创新的核心资源,在全球人才争夺战愈加激烈背景下,日本博士生逐年锐减,给其维持国际竞争力带来冲击,日本通过新设推动科技创新的大学助学金项目,以及延续卓越研究员项目、特别研究员项目等提供多元、长期、稳定的资金渠道,强化本土高端人才培养。

2021 年度起,日本政府全面启动"推动科技创新的大学助学金"项目,面向 47 所大学约 1000 名人工智能与信息、材料、量子领域博士课程学生提供 180 万日元生活费补助,并与产业界携手合作,全面支撑博士生职业发展与规划,打造确保肩负科研与科技创新重任的高端人才资源。

2021 年,日本政府继续推动扶持青年人才的"卓越研究员项目""特别研究员项目"。在不稳定的短期雇用导致研究人员无法开拓新研究领域、难以创出成果，产学研之间研究人员流动性差，难以应对世界产业结构的急速变化等背景下，"卓越研究员项目"通过官产学研协同为年轻研究人员创造稳定的研究环境，支持研究人员提高各项能力开拓全新职业道路。"特别研究员项目"面向攻读博士学位和修完博士课程有突出研究能力的青年人才，以及在大学或其他研究机构专注研究的人才，在被录用期间既提供科研经费又提供研究奖金，营造年轻研究人员专注研究氛围。

六、加强防务领域国际合作，借力军演拓展全球影响力

防务领域对外合作是日本更快更好提高军事实力的战略选择，为日本军工企业和先进技术带来正面效应和影响的同时，夯实本国国防工业技术基础，带动国家软实力提升。尤其在 2014 年解禁"武器出口三原则"后，日本拓宽国防装备出口渠道，频繁参加联合军演，以持续扩大全球范围内的影响力。

（一）扩大防务合作交流，提升国防技术国际地位

在国际秩序遭到冲击、地区局势日趋紧张背景下，日本不断深化拓展防务合作，助推军工企业发展，提升国防技术国际地位。

一是加大联合研发力度。日美军事合作由来已久，2021 年，日美加快联合研发步伐，联合开发新型战斗机，由日本三菱重工负责研发，美国洛克希德·马丁公司、波音公司等提供技术支持。日本政府计划投入 1 万亿日元建造 90 架新型战斗机，以取代 2035 年退役的 F-2 战斗机。日美还将签署一项国防技术研发合作协议，以共同应对高超声速武器威胁。7 月，日英防卫大臣就加快下一代战斗机发动机研发合作达成一致，推动大型重工企

业 IHI（石川岛）与英国罗尔斯·罗伊斯共同研发新一代战斗机发动机，力图通过国际合作提高武器装备质量水平，促进日英防务领域合作。

二是加强项目合作和联盟交流。2月，日本宇宙航空研究开发机构（JAXA）与欧洲航天局（ESA）签署协议，针对 JAXA 火星卫星探测计划和 ESA "赫拉"小行星探测项目展开合作。10月，日、美、澳、印四国联盟（Quad）线上召开科学技术部长级会议，就深化人工智能、半导体等先进技术领域合作、专业人才培养与交流、国际规则制定等议题开展充分讨论。

三是加速国防装备向中小国家转移。3月，日本与印度尼西亚在东京召开外长及防长"2+2"会议，并签署"防卫装备及技术出口协议"，成为第10个与日本签订同类协议的国家。日本可向印度尼西亚出口舰船和飞机等装备，加强在安全保障领域的合作。4月，日本政府开始通过政府发展援助（ODA）向菲律宾军队提供自卫队救生系统，是日本首次通过 ODA 向其他国家提供自卫队装备。9月，日本防卫大臣访问越南期间签署最新军事合作协议，可向越南提供海军装备和舰艇军事技术，越南成为与日本签署相关协议的第11个国家。11月，日越签署推进网络安全防卫合作备忘录。

（二）提供国防装备出口便利，助推本国军工产业发展

日本通过向装备需求国提供低息贷款和贸易保险便利，促进国防装备出口，同时接连与欧洲国家缔结《互惠准入协定》《军事情报保护协定》，旨在简化军事力量互访、联合演训相关手续，深化情报共享、武器装备采购等防务合作。

在低息贷款和贸易保险利好政策方面，日本政府利用本国国际合作银行向对象国提供低息贷款，使资金短缺的发展中国家也能从日本采购武器装备。日本政府拟通过国际协力银行（JBIC）向对象国提供低息融资，为对象国进口装备创造便利。另外，政府还鼓励日本出口企业灵活运用日本贸易保险（NEXI）。NEXI 可承保私人保险公司业务范围之外的高风险海外贸易，只要支付保费，即便对象国拖欠款项，NEXI 也会提供保障。JBIC 与 NEXI 均有日本政府背景。

在防务协定签署方面，2021 年，日本不断扩大防务伙伴关系搜寻半径，谋求与欧洲国家建立战略伙伴关系。3 月，日德签署《军事情报保护协定》，走出建立高信任度军事合作的第一步，旨在加强军事技术、战术数据、反恐情报、系统集成技术等协同作战所需情报保护，推动两国军事情报共享、武器装备出口和联合演训等方面合作。该协定的签署为日本向德国出口武器装备清除最大障碍。12 月，法国政府已就缔结《互惠准入协定》向日本政府征询意见，若谈判成功，法国将成为继澳大利亚和英国之后第三个与日本展开《互惠准入协定》谈判的国家，这将极大简化相互携带武器入境的程序和海关手续，使双边部队派遣更为顺畅，双方安保合作更为便利。

（三）频繁实施联合军事演习，大力推动防务关系

2021 年是日本频繁参加联合军事演习的一年，规模大多为近年来之最。随着战略野心不断膨胀，日本愈加重视对军事力量的实际运用，希冀凭借联合军演提升自身军事存在，扩大地区影响力。

4 月，美、法、日、澳、印五国在东印度洋地区举行"拉彼鲁兹"多边海上军事演习，涉及水面作战、防空演习、武器射击演习、战术演习以及海上补给等课目。

5 月，美、日、法首次在日本境内展开联合军演，旨在提高保护岛屿的海陆协同作战战术与技能。

6 月底，日、美史上最大规模联合军事演习"东方之盾"，旨在演练两国军队战略筹划、联合行动和多域作战能力。

7 月，日本陆上自卫队离岛防卫专门部队"水陆机动团"参加美、澳牵

头的"护身军刀"联合军演,涉及后勤保障、两栖登录、地面机动、空战海战和特种作战等军事演习科目。

8月,美、日、印、澳举行"马拉巴尔"多国海军联合军事演习,包括反水面、防空和反潜作战等战术协同演练,旨在强化印太地区海上安全。

12月,美、日举行的"坚毅之龙21"演习是在日本本土开展的最大规模双边实兵军事演习,首次演练基于美国海军陆战队远征前进基地行动的"偏远岛屿防御概念",深化日、美战术规划协调与联合作战能力。

综上,在政府主导的科技创新管理体制机制下,日本根据全球科技形势变化做出快速反应,不断出台多项创新举措,充分利用情报搜集能力优势,深入研判和长远布局关键科技创新发展领域,优化调整战略顶层文件,推动官产学研协同创新,加快新兴技术向作战能力的转化应用,极力打通武器装备出口渠道,刺激本国军工产业技术发展,加强军事互动力度,拓展全球军事影响力。

(军事科学院军事科学信息研究中心
杨湘云 张代平 胡雅芸 张永刚)

2021 年以色列国防科技管理发展综述

2021年，美国因新冠疫情加速战略收缩，使中东地区战略真空凸显，欧盟、俄罗斯均难以取代美国在中东的主导地位，中东格局呈现出多极化发展态势，这使以色列国防科技发展的自主性进一步增强，其调整了对中东国家的国防战略并高度重视先进武器装备和关键军事技术发展，强化军民融合发展模式，为国防科技发展提供了巨大的人才和技术支持。

一、全面实施"动量"军事改革，应对周边战略环境

2021年，以色列为追求"绝对安全"的政治和军事环境，对伊朗政策的调整势在必行。为提升以色列军队的灵活性、智能性和致命性，以色列国防军通过全面部署优化"动量"军事改革，调整军队管理体制，构建新型作战力量，优化地面、空中作战力量，提高军事打击目标的能力。

（一）增设并调整职能机构，持续对伊朗极限施压

长久以来，伊朗问题由军事情报部、作战部、计划部、空军和其他部

门联合负责。2021年,"动量"军事改革全面实施,以色列国防军总参谋部宣布设立战略与伊朗事务部,将打击伊朗上升到了新的战略高度。该部由塔尔·卡尔曼少将领导,直接向参谋长负责。该部将加强以色列国防军的攻击能力,包括通过新技术手段使空军的喷气式飞机能够摧毁敌人的目标,并提高军队的情报优势,扩大其对伊朗的情报收集,并加强网络攻击和防御能力。同时,以色列国防军总参谋部下属的计划部更名为部队设计部,由托默·巴尔少将领导,负责监督新的战斗和武器技术的发展,特别是需要各军事部门之间合作的战术和技术的发展。这些变化将加强以色列政府与军事和国防工业之间的联系,有助于改进对多部门项目的监督,最大限度地提高以色列国防军总参谋部的能力。增设并调整职能机构有3个主要原因:①需要加强以色列国防军对伊朗的行动;②需要加强以色列国防军的多边部队建设;③需要从国际和组织间伙伴的角度深化军事战略。

(二) 调整国家的军事重点,提升以色列军队作战优势

面对中东及其他地区不断演变的威胁,2021年1月13日凌晨,以色列对叙利亚东部代尔祖尔市和阿布卡迈勒地区实施了空袭,造成叙利亚内战以来最严重的一次伤亡。以色列通过"箭四"武器系统的开发,加大与美国的合作,亚伯拉罕协议的签署建立了与阿拉伯国家的合作关系,加大对叙利亚的打击力度,通过结盟壮大实力,增大安全系数和对伊朗的威慑力。

与"动量"军事改革中增设、调整职能机构相对应,以色列国防军对伊朗的部队优化计划也是战略调整的一部分。该部队优化计划由以色列国防军参谋长科哈维制定,是一项大规模、高度精细化和耗资巨大的计划,将成为以色列国防军2020—2024年规划和发展的总指南。新计划旨在重新调整国家的军事重点，现任参谋长科哈维则正式组建由步兵、工兵、炮兵、空军和情报部组成的联合部队，通过新的战斗师 99 师，并将"幼狮"步兵旅纳入其中，建立一个新的试验部队，称为"攻击旅"，负责更好地利用地面和空中作战力量，开发新的综合作战战术。

（三）部署数字态势评估系统，创新和发展新型作战概念

2021 年 5 月，以色列以"牛刀杀鸡"之势，对巴勒斯坦哈马斯武装实施"城墙卫士"行动。在持续 11 天的冲突中，以军广泛应用了人工智能技术，并取得显著作战效果。智能算法实现了情报信息的高效处理和对重点目标的准确追踪，并大幅缩短杀伤链，提供这种作战能力的核心是埃尔比特系统公司最新版本的"数字军队项目"（TORCH 750）系统。该系统是以色列国防军的主要 C^4ISR 系统，其整合了以色列国防军陆、海、空 3 个作战域的数据，为多域战场创建了一个更灵活的作战网络。此次军事行动中，以色列新组建的"幽灵"部队首次投入实战，发挥了"奇兵异子"的重要作用。"幽灵"部队是以色列吸收借鉴美军全域作战概念，通过使用多域传感器和精确打击武器，实现跨域机动与打击能力。

二、推进军民融合体系发展，建设高端科技创新资源

以色列的国防工业虽然从"模仿"起家，但自主开发能力极强。强大的独立开发能力使其在空战态势分析、系统无人机、中小型侦察机和战斗机电子设备等高科技武器和装备方面占有全球领先地位。国防工业当前已成为以色列重要的国民经济支柱产业，并为经济建设提供了巨大的人才和技术支持（图 1）。其有效国防工业组织管理体系的核心就是"军转民、民参军、军带民"的军民融合模式。

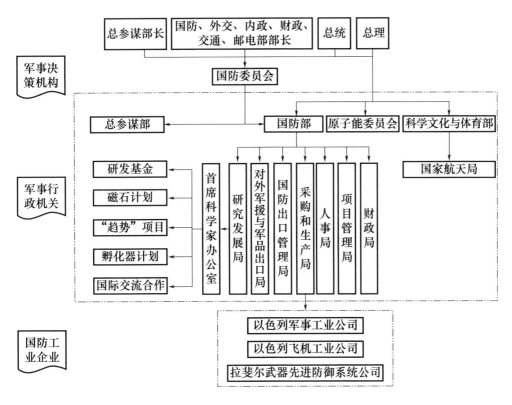

图 1 以色列国防工业组织管理体系

（一）推行"以军带民"政策，带动形成了一大批民用高科技产业

军工高新技术产业的发展，带动形成了一大批民用科技产业，建设了航空工业、电子工业、制造工业等以色列国防工业发展基础，大大促进了以色列国民经济的整体发展。以色列通过"以军带民"模式布局的国防工业高新技术产业体系，包括大型军工企业下属的研发机构、国有科研机构以及大学和军事院校等学术机构，国防部直属的国有科研机构主要负责科技攻关和前沿尖端研究，高校主要开展基础科学研究（几乎承担了以色列自然科学技术领域30%的研究工作），以及著名国防研发机构有拉法尔武器研制局、航空航天学会、韦兹姆研究院（研究核技术）、武器研究中心、海

法技术大学等。其中，拉法尔武器研制局是以色列最大的军工管理机构和重要的生产综合体，也是该国最具实力的武器装备研制机构，著名的产品有以色列"大力士"遥控武器站，可适用于大多数轻型装甲和机动车辆装备。除此之外，以色列还有一些军工企业从事军事研发工作，如以色列国有三大军工巨头：以色列飞机工业公司、以色列军事工业公司和拉斐尔先进防御系统公司。

（二）采用"军转民"模式，提升先进科技水平

美国、俄罗斯、英国、法国和以色列都可以生产飞机预警系统，但以色列研制的"猎鹰"性能比俄罗斯的 A-50 高出 4 倍。以色列通过"军转民"模式，鼓励军工企业职工运用相关技术技能为"军转民"服务；同时，军工企业大量购买具有一定高新技术的民用企业或者相关技术成果，确保军工技术的创新性和领先性。通过注资初创民企，一定程度上降低了民用企业的创新风险，保障了民用企业的健康发展，推动了高新技术成果在军方的转化。

（三）采用"民参军"模式，提升高科技武器水平

无论男女，以色列公民 22~23 岁期间便会加入以色列国防军服义务兵役。除了极少数具有理工、计算机或军事天赋的军人继续留在国防军里晋升，大部分以色列年轻人服满兵役后都会回归社会，要么直接找工作，要么报读大学。尽管以色列四面受敌，一直面临严峻的地缘政治挑战，但是全民皆兵的状态，却在另一个侧面促进了以色列的创业。不少以色列的创业团队创始人，都是在国防军服役时的老战友。除了共同出生入死外，上下级之间不算太明显的等级观念，也有利于"老战友"创业团队在一些专业问题上能够直率公平坦白地讨论。因此"民参军"模式，将更有利于恢复以色列政府对国内的控制，弥合社会不同群体之间的裂痕，并推动以色列社会各方面的青年担任关键职位，提升高科技武器水平。

三、重视国际合作交流，提升国际军事地位

在全球范围内，以色列积极深化扩大国际合作，与多国签订合作协议，共享网络攻击情报信息，联合研制网络安全技术，提高以色列的防御和威慑能力。通过与美国、欧洲国家、亚洲国家开展广泛的国际合作交流，包括合作研制，联合开发，提升其国际军事地位。

（一）加强与美国等西方国家的合作

美国一直扶持以色列的国防工业发展，不仅每年提供 18 亿美元的军事援助，在许多项目上还提供资金支持，如给予以色列军工企业军品合同。更重要的是以色列可免费获得许多美国政府不允许转让给其他国家的国防高新技术，这就大大加速了以色列国防技术的发展，成为其占领西方高端军品市场的基础。2021 年 1 月 4 日，以色列拉斐尔先进防御系统公司向美国交付第二套"铁穹"防空系统，此前第一套该系统已经于 2020 年 9 月交付美国陆军。美国共采购了 2 套"铁穹"系统，包含 12 套发射装置、2 套传感器系统、2 套战斗管理系统和 240 枚拦截弹。两国于 2020 年 7 月签署了一项协议，使美国的"萨德"系统可以与"铁穹"防空系统互操作。"铁穹"防空系统由以色列拉斐尔先进防御系统公司、以色列航宇工业公司和美国雷声公司联合开发，雷声公司负责提供拦截弹的精密零部件。2021 年 8 月 1 日，美国国务院分别批准向以色列出售价值 34 亿美元的 CH-53K 重型直升机；60 台通用生产的 T408-GE-400 发动机；通信设备；GAU-21 机枪；备件和维修零件；后勤维护与支持；机组人员培训和维修培训。此次军售旨在提高以色列空军运输能力与作战投送能力除了西方发达国家外。

（二）重视与欧洲国家研发合作

2021年，德国与以色列宇航公司签订一份价值3600万欧元的合同，采购69套"守望者"移动式雷达，合同内容还包括培训和备件，预计将于2022—2024年实现交付。"守望者"移动式雷达是第五代地面监视雷达，具有高更新率，可实现高目标检测和跟踪频率，以支持复杂的任务，集成监视和扫描功能，适用于任何场景。该雷达是新陆基侦察和区域监视系统的一部分，旨在取代老系统，并为各级指挥部提供信息，确定潜在威胁、作战条件以及危机地区；包括坦克侦察雷达、炮兵观察雷达，以及轻型战场、德国联邦国防军的侦察雷达和地面监视雷达；具有全天候昼夜监视能力，能够对大面积区域进行长期侦察和监视；为部队共享战术火力支援，提供对敌目标跟踪。2021年4月16日，以色列国防部国际防务合作局与希腊签署了一份国防协议。以色列国防部将通过埃尔比特系统（Elbit Systems）公司，参照以色列空军的飞行学校，为希腊空军建立一个国际飞行训练中心。根据该协议，埃尔比特系统公司将提供全新M-346教练机，并将确保包括20架M-346和T-6教练机在内的整个训练机队持续20年。此外，该公司还将在教练机上安装先进的嵌入式虚拟航空电子设备，提供联网的飞行模拟器和一系列地面训练站以及命令和控制系统，以实现对飞行训练操作的有效管理。2021年5月，以色列和捷克共和国签署了两国最大的国防防空采购协议，这是以色列第一次在北约联盟中向该国出售全防空系统，该协议将是以色列防空系统在欧洲应用的一个战略里程碑。

（三）与亚洲国家军事合作，助力"导弹梦"

印度是亚洲地区引进以色列技术和产品最多的国家。1992年，印度和以色列建交后，印以经贸关系迅速发展，两国贸易中增长最快的就是军火交易。军火交易已经成为带动印以战略关系发展的龙头。2021年1月6日，以色列航宇工业公司（IAI）和印度国防研究与发展组织（DRDO）联合开发了一种中程地空导弹防御系统（MRSAM），并在印度的一个测试靶场成功进行了测试，验证了武器系统的所有部件，达到了预期目标。2021年6月15日，以色列拉斐尔防御系统公司宣布，其将向印度空军提供BNET – AR软件无线电解决方案。泰国还是以色列无人机的重要用户。而以色列的TAR – 21突击步枪在泰国也有大量装备，采购数量超过15000支。此外，泰国还采购过以色列的巡逻艇和导弹武器等。除了上述国家，以色列还与韩国、斯里兰卡等国在无人机、航空电子产品、反恐装备等领域有着长期合作。由于亚洲地区国际形势日益严峻，亚洲市场对于先进武器装备的需求也日益旺盛，因此以色列开始逐步通过直接出口产品，或与当地军工企业合作等方式，继续在军售方面保持强劲态势。由于地区敏感性，以色列向亚洲国家提供的军工产品欠缺大型武器平台，这虽然限制了军贸效益，但保证了政治与外交的灵活性。

四、突出科技人才培养特色，突出跨学科、实践性、产业化特色

以色列国防科技人才培养独具特色，注重跨学科培养，提升人才实践能力，如网络安全人才培养方式具有鲜明特色，尤其是强调跨学科、突出实践性、注重产业化。

（一）重视计算机、通信、电子工程、软件工程等学科建设和人才培养

以色列网络安全学科以计算机、通信、电子工程、软件工程等学科为依托，而且认为管理和技术应当并重，重视对风险管理、数据隐私管理、网络监管体系的理解与建设，非常关注网络安全与法律、心理、社会、经

济等学科知识的交叉融合。特拉维夫大学与国家网络局合作成立跨学科网络研究中心，开展安全软件、软硬件受攻击情况、密码学、网络协议、操作系统与网络安全，以及网络对国家安全、社会、规则和商业等领域的冲击等跨学科课题研究。此外，以色列网络安全教育要求从黑客角度进行防御和攻击的演练，重视对黑客行为分析、黑客攻击事件或案例研究、攻击武器研究，而社会工程学是针对网络黑客跨学科研究方法，需要基于大量黑客攻击事件或案例，从黑客的技能、行为、立场等多个角度分析其攻击活动。

（二）注重国防科技人员实践能力培养

以色列的网络安全教育特别强调实践的重要性，认为最好的网络安全培训是实践而不是阅读。实践类课程更加侧重以目标和任务为导向进行学习和研究，让学生尽早、尽快、尽可能多地接触现实世界，了解最重要、最棘手、最亟待解决的问题，不仅引导学生发现隐藏的风险、寻找应对方案，还可以发现导致不同后果的关键决策和重要假设，并不断检验自己提出方案的逻辑和效果。实践可以分为基于讨论的实践和基于操作的实践，基于讨论的实践可以有讲座、圆桌讨论等形式，基于操作的实践可以按功能操作、模拟操作和全面操作的方式实现。此外，实践不局限于技术方面的实践，还包括管理方面的实践。以色列很多教育和培训机构都建有网络安全模拟中心或对抗平台，为学习者和从业者提供实践演练，军方的网络安全培养体系则更具对抗性和实战性。

（三）注重推动大学与企业合作开展网络安全人才培训

以色列注重推动大学与企业合作开展网络安全人才培训，本·古里安大学与IBM、甲骨文、德意志电信、洛克希德·马丁等跨国公司合作开展网络安全高端人才培训。一些企业为更好地满足自身业务发展需要，直接开展网络安全相关知识和技能培训。例如,以色列捷邦安全软件科技有限公司开设了网络安全学院,挑选喜欢计算机和网络技术并具有创新思维能力的人员进行为期 3 个月的集中培训,学习基本编程、逆向工程、恶意软件分析和漏洞发现等知识,邀请公司内外网络安全领域高级专家授课。以色列正在构建灵活的网络安全师资队伍流通机制,并非常鼓励创业,有 500 家网络安全初创企业,很多机构愿意为创新型企业提供帮助和支持。这不仅有利于推动科研成果产业化,也为网络安全人才的成长和发展提供了高效顺畅的通道。

(军事科学院军事科学信息研究中心　杨亚超　卢胜军)

重要专题分析

美军科研管理改革创新态势评析

在新兴技术变革和安全威胁强化的大背景下,近年来美军科研管理改革持续推进。2021年,美军科研管理改革围绕作战能力提升继续深化发展,创新机制不断完善,人工智能等创新应用深入探索。从改革调整过程和目前总体情况看,加快塑造技术优势的科研管理体制日益成形,围绕创新发现、组织与运用的衔接链条不断扩展,基于大国竞争的科研管理创新态势逐步清晰。

态势评析一:美军科研管理改革的主要内容

美军科研管理改革是对变革时代技术驱动逻辑和安全威胁变化的响应,是对军事科研管理结构形态的主动设计与构建,目前处在管理框架初步稳定和执行机构与工作机制活跃探索时期,未来会围绕利用技术优势提升作战能力持续调整优化。

美军科研管理改革受多种因素驱动和影响,政策上受国会、总统、国防部领导、智库甚至军工企业的影响,但本质上是技术发展和安全威胁所致。从深层次看，技术变革所形成的基础与条件因素明显，技术驱动的底层逻辑突出，安全威胁加速了技术驱动的发展进程。

美国军事科技专家托马斯·霍恩（Thomas C. Hone）和诺尔曼·弗里德曼（Norman Friedman）认为，技术是一种能被在复杂组织中工作的人们有意识、自觉地开发出来的东西。新世纪以来，移动互联网、大数据、云计算、人工智能等新兴技术快速发展，不断引发科技、经济、社会等领域巨大变革，同时也加快向军事领域渗透和扩散。随着美国重新对竞争对手的认知和定义，应对一个像中国这样能够在多作战域、采用多种手段对其形成威胁的强大对手，日益成为美军瞄准的目标。如何改革美军科研管理体制机制，利用技术变革时代的科技机遇，形成大国竞争中的技术优势，就成为美军管理改革的必然选项。

国防部层面持续进行了重大调整。2018年，美国国防部拆分负责采办、技术与后勤的副国防部长，分设负责研究与工程的副国防部长和负责采办与保障的副国防部长。负责研究与工程的副国防部长重点围绕提升国防科技创新能力、加速创新成果向军事作战转化，大力推进国防科研管理体制改革。随之，导弹防御局、国防创新小组、战略能力办公室等技术创新机构纳入负责研究与工程的副国防部长管理。负责研究与工程的副国防部长专设现代化局，重点推进量子科学、定向能、机器学习/人工智能、自主能力和高超声速等11个重点技术领域。2019年新设的太空发展局，在2022年转隶至太空军之前，由研究与工程副部长管理。国防部还成立联合人工智能中心（JAIC），由首席信息官主管，专门负责国防部人工智能任务协调工作。陆军、海军、空军也成立人工智能跨职能工作组。2021年5月，美国国防部成立"创新指导组"，由国防部研究与工程副部长担任组长，负责就科学、技术、技术转化等领域重大事项向国防部长提供决策建议。11月，指导组已创建国防部创新机构"地图"，并完成国防部实验室和试验靶场等基础设施审查，为深入推进国防部科研体系调整奠定基础。

军种层面也开展了大量组织创新。陆军成立未来司令部，集成研究、开发、概念、测试、工程、采购等功能，负责从概念开发、需求提出、原型生产、测试验证，一直到作战能力开发的全过程，大幅缩短技术装备开发周期。其下还成立陆军应用实验室等机构，承担陆军与私营研发机构对接等工作。海军创建直属研究、发展与采办助理部长的海军敏捷办公室（NavalX），作为创新加速平台，提供并推广各类创新工具和方法案例，为推进海军创新创造有利条件。在海军敏捷办公室的推动下，海军在全美建立起交互关联的"技术桥"，将海军传统科研机构与工业界、学术界乃至其他军种联系起来，形成可持续发展的开放创新协作网络。截至2020年12月，海军已在全美乃至海外迅速启动15大"技术桥"。空军成立直接向空军副参谋长汇报工作的"空军创新工场"，并在华盛顿哥伦比亚特区、拉斯维加斯、奥斯汀设立创新中心，2022年将成立新的芝加哥创新中心。为推进太空技术发展，2021年8月，空军创新工场设立太空创新工场，以加速太空技术的探索和应用部署。

2021年以来，美军提出一体化威慑战略构想，注重将"技术、作战理念和各种能力恰当地结合起来"，通过对新技术进行大规模投资，推动加强与军工企业、科研机构和全球盟友的合作，保持技术优势并促进新兴技术的军事应用。在这一新的战略构想指导下，国防部科研管理框架初步稳定，各军种对具体执行机构和工作机制还在进行积极探索，未来的改革会较长时间处于灵活执行机构的常态化微调状态。

态势评析二：美军科研创新的变革的主要特点

美军科研管理改革的重心是对变革时代美军科研创新系统的基础面和组织力进行重塑，创新的组织范围由传统的科研机构向全美、全球新兴创新机构扩展，创新的组织方式由传统的双方"空间"界限明确的合同式，向共建新型创新机构、构建创新网络等多样化方式转变，创新的组织速度由按部就班的繁琐冗长过程，向极尽缩短创新触发信号与创新响应周期转变。这些变化的背后，体现着美军科研发展模式的重大调整，即由引领变为引入，以更好适应全球科技创新态势。

近年来，大数据、云计算、人工智能、生物合成等新兴技术催生了一大批商业技术企业，美国硅谷、奥斯汀等地成为新兴技术企业的聚集地，挑战赛、创意展示等创新活动密集举行，科技创新在美国保持着高度的活跃性。在此背景下，开放式创新成为组织机构适应变化的重要权变因素，创新的发现、组织和应用成为组织机构变革的内核与轴线。国防科研的作战应用导向驱使其必须追求先进性、前沿性、颠覆性，从商业领域和民用部门寻求最新思想、技术与经验，形成满足军事需求的新型创新组织模式。

创新的组织范围不断扩展。美国国防部结合创新搜寻与发现，将国防创新的范围延伸到全美、全球创新机构，力求建立能够为其所用的创新网络体系。国防部发布文件，明确将政府机构、非营利研究机构和大学纳入国防工业基础范畴，为构建国防安全创新生态进行统筹布局。设立"国家安全创新网络"，吸引技术企业参加，发挥协同创新效应，截至 2020 年初，国家安全创新网络已吸引 596 名地方人才和 132 家初创企业参与国防业务；开发的新概念和解决方案在国防部的采用率达到 73%；孵化出 57 家新的军

60~90天内授予合同。国会扩大国防部在"其他交易授权"方面的适用范围,更多国防科研机构可通过签订"其他交易授权"协议,避开传统签约程序,使技术公司能够迅速开发样机供军队评估,并根据结果签订后续生产合同。这一举措为国防部吸引了大量创新型企业。2021年,国防创新小组正式启动"国家安全创新资本",首次为军用硬件研发企业提供关键融资,加速先进技术领域硬件研发、推动相关企业快速成长。2020年底,DARPA启动工具箱计划,旨在通过与先进商业技术公司签署协议,帮助参与DARPA项目的研究团队免费获取、利用商业公司昂贵的关键技术工具和知识产权开展科研工作,提高创新速度,降低小型科研组织参与DARPA项目的准入门槛。2021年,DARPA已经与数十家技术公司签订协议,大幅扩展了工具箱内各类工具和知识产权的使用范围。

态势评析三:加快技术的转化运用的主要举措

美军科研管理改革的效应和影响逐步向作战、采办、情报等多领域传导,考虑从技术到能力,特别是形成联合能力的复杂性,其影响扩散过程会呈现多因素综合作用的协同演化机制,目前的影响强度还处在点状为主、团状较少、系统性尚未大量显现的状态,但新的军事革命的诱发与推动正在加速。

加速技术与作战的同构与融合,技术人员直接参与军事需求开发、生成过程,作战人员介入科技研发,技术与作战的握手式融合、双向影响日益凸显。美国陆军未来司令部成立"点燃团队"是对这一思想理念的尝试和探索,由作战概念及需求制定人员、科学人员等组成的以未来为导向的跨机构团队,通过开展科学-概念研讨会、科技探索等活动,加强重大作战战略、作战概念、作战需求、未来作战样式以及前沿科技、科技研发方面的协调与合作，加快能力生成。2021年6月，国防部启动"人工智能和数据加速计划"，向11个联合作战司令部派遣"作战数据小组"和"人工智能专家小组"，推动构建传感器数据可实时融合、作战任务自动分配和自主系统集成的作战平台，实现数据在各作战司令部之间顺畅流动。美国海军陆战队定期举办创新路径研讨会，探讨技术对战术和战略的影响，2021年6月，举行"认知突袭者"创新路径第三次研讨会，重点讨论在大国竞争背景下，人工智能、先进制造、生物科技、量子计算、5G、航天等前沿技术如何改变战术和战略现状。

加快技术成果向采办领域应用转移。为解决采办领域对新兴技术反应和引入迟缓问题，力争使美军武器系统的技术水平能够与技术发展的速度保持一致，美军近年来不断加大采办程序改革力度，2020年初发布新版5000.02指示，确定了新的6种采办程序，在应急能力采办、中间层采办、软件采办等类型上突出技术的影响因素，强调研发成果可以打破既有程序插入不同的采办阶段。2021年10月，美军发布新版联合能力集成与开发系统文件，重视软件能力开发，要求制定软件初始文件，明确软件初始能力文件编制时间为40天，大幅小于一般初始能力文件67天的编制时间。

加快基于技术创新的作战概念演示验证。伴随人工智能、大数据、移动网络等新兴技术的快速进步，马赛克战、多域作战、全域作战、海上分布式杀伤、无人机"蜂群"作战、授时战、决策中心战、算法战、电磁频谱作战等新的作战概念或理念，正在对美军未来作战能力形成有利影响。2021年10月12日至11月10日，美国陆军组织"会聚工程"第二轮大规模作战试验，约有7000人参加，在7个设置场景中试验107种技术，重点关注在印太地区第一和第二岛链执行任务，演习中还将人工智能、自主、机器人系统进一步整合至战术编队中，检验新型部队结构作战能力。美国空军也非常注重技术能力向作战能力的转化，2021年9月提出，空军2022财年技术开发工作的重心，是将技术快速转化为支持太空司令部、印太司令部的作战能力，美国空军将进行部队整合演习，以试验新技术和作战概念。

技术转化为能力要受众多因素制约。技术到能力的形成过程，是一个复杂的多因素协同演化过程，与条令、组织、训练、教育、领导力、设施等因素相关。尽管美军科研管理改革确定了重点发展的11个技术领域，并投入大量资源，但还没有进入系统性全面铺开的阶段。以人工智能领域为例，成立了联合人工智能中心，各军种也有相应机构，并在情报侦察、指挥控制、网电对抗及无人装备等开展了大量研究探索，但技术转化为能力进展没有外界想象的迅速。兰德公司2019年发布的《国防部人工智能态势：评估与建议》认为，联合人工智能中心缺乏履行职责的权限，各军种人工智能机构的任务和权限也有限，存在技术与应用"死亡之谷"、人工智能构建者和用户之间的沟通渠道非常少等问题。目前，美军正在逐步改进，但总体上人工智能发展及其应用还处在离散发展、点状推进、探索应用阶段。美国陆军网站2021年8月报道，陆军作战能力发展司令部、陆军研究实验室等机构研究人员研发出一种神经网络方法，可使人工智能更好地判断对抗环境中的目标与潜在威胁，提高了战场决策的准确性。美国海军第5舰队2021年9月在中央司令部组建第59特遣部队，将人工智能技术集成至各领域的无人系统。DARPA于2021年8月发布新的"人工智能探索"（AIE）计划，研发"第三代"人工智能理论和应用，人工智能探索计划包括两个阶段的快速项目，最终目标是研究开发样机，为美国家安全带来改变游戏规则的新人工智能技术。

美军针对科技革命带来的挑战与机遇，设计和推动科研管理改革，加速发展引领科技革命的人工智能、5G、网络、合成生物学等技术领域，取得了一大批领先技术成果，并在不断探索技术到联合作战能力的布局和应用。军事技术是军事革命中最具驱动力的组成部分，先进技术一旦与先进的理论、战略、战术、训练等结合在一起，就会成为力量倍增器，引发整个军事领域的变革。美军科研管理改革正处于初步稳定、深化推进阶段，从目前态势和成效看，新的军事革命的诱发与推动正在加速。

（军事科学院军事科学信息研究中心　赵超阳　魏俊峰　蔡文蓉）

样机研发：美军前沿技术转化为战斗力的加速器

——美军 2021 年《国防部样机指南》3.0 版分析

样机研发是指采用各类模型研发方式，开展国防科技和装备技术研发与演示，验证技术可行性和有效性，加速国防科技成果向武器装备转化应用，推动前沿技术快速转化形成作战能力。近年来，在中美科技战略博弈大背景下，美军越来越重视样机研发，2021 年 10 月国防部研究与工程副部长发布《国防部样机指南》3.0 版本，旨在通过样机研发推动前沿技术转化形成作战能力，提升美军竞争优势，形成了较为成熟的样机研发管理体制机制和工具方法。

一、重视样机研发，优点突出、动因明显

样机研发是美军冷战结束后实施的重要技术研发策略，在当时国防预算大幅缩减背景下，美军通过样机研发，实现"多研制、少生产"，以大幅度节省装备采办经费，保持和提升前沿技术竞争优势。近年来，在新的大

国博弈环境下，美军重新强化以模型研发为主体的样机研发，相比直接进入装备型号研制和批量生产，具有明显的优点和动因。

（一）通过多样化样机研究，可以丰富研发与采办模式

近年来，美军不断优化创新机制，推进采办程序改革，推出了多种类型样机研发工作。在采办寿命周期的不同阶段，美军推行概念样机、研发样机、生产样机和作战样机。概念样机是处于方案设计阶段的数字模型、概念模型和分析模型；研发样机是处于研究开发与型号研制阶段的物理模型、数字模型、概念模型和分析模型；生产样机是处于小批量和大批量生产阶段的物理模型、数字模型、概念模型和分析模型，作战样机是处于作战应用阶段的物理模型和分析模型。在武器系统或项目构成上，美军推行武器系统级样机、子系统级样机、部件级样机和技术样机。在样机的表现形态上，美军推行实体样机和虚拟样机。实体样机是指物理模型，虚拟样机是指数字模型、概念模型和分析模型。上述多样化样机丰富了美军研发与采办模式，使装备研发途径更加灵活多样。

（二）通过样机演示验证，可以快速交付作战能力

舰艇、飞机、坦克及火炮等大型武器系统研发与采办周期较长，通常需要 10~20 年时间。采用各种类型的样机，可以在不同采办阶段或系统构成的不同等级，灵活、迭代、快捷地开展样机研发与演示验证，既可以较快地验证各种新概念、新技术、新组件和新系统的技术成熟度，又可以较快地开发并验证针对作战能力差距的技术解决方案。特别是结合联合能力技术演示验证机制（JCTD），通过对作战样机的演示验证与作战效用评估，成熟的作战样机可以直接交付作战人员使用，从而加速作战能力生成。

（三）通过样机低成本试错，可以及时总结经验教训

新一代武器装备研发成本高昂，往往耗资巨大。采用各种类型的样机，

可以以较低成本开展建模仿真，运用"测试－分析－修复－测试"（TAFT）方法进行能力开发。借助物理模型、数字模型、概念模型和分析模型等建模仿真手段，可以尽早发现技术、成本、管理等方面的问题，及时降低各类风险，及早纠正各类技术问题。样机研发可以鼓励研发人员愿意低代价地从失败中吸取教训，低成本试错并识别技术风险，总结技术研发及项目管理中的经验教训。

二、构建职责明确、分工协作的样机研发管理体制

因样机研发事关国防科技基础研究、应用研究、先期技术开发、装备型号研制与转化形成作战能力，其管理体制涉及国防部研究、采办部门，各军种和相关作战司令部等部门。

（一）国防部研究与工程副部长顶层统管样机政策与研发

国防部研究与工程副部长负责组织制定样机政策，如《国防部样机指南》《国防部实验指南》等政策文件，其下属的先期能力局负责全军样机研发统筹管理。该副部长下属创新管理机构负责各专业领域的样机研发管理。例如，国防创新小组（DIU）负责快速引入商业领域先进技术，通过组织样机研发，推进技术成熟和转移，快速满足联合作战人员需要。快速反应技术办公室（RRTO）负责利用各类创新资源，组织开发应急样机，主持应急研发演示验证，以应对新出现或预期的威胁，加快推进技术方案向作战能力转化应用。战略能力办公室（SCO）负责与军种、作战司令部、国防部业务局和情报界合作，创新性改造现有武器系统，或将新技术快速转入样机，通过演示验证和实验，快速形成作战能力，防止敌人快速技术突袭。国防高级研究计划局能力适应办公室（ACO）负责与军种合作，将新兴技

术与新作战体系相结合，组织开展相关前沿技术样机研发与演示验证，寻求新的作战解决方案，以应对关键性安全挑战。

（二）国防部采办与保障副部长参与样机研发管理

国防部采办与保障副部长参与制定样机政策，其下属相关管理机构负责相关领域样机研发管理。例如，联合快速采办办公室（JRAC）主要负责应急能力采办，快速采办和部署用于应对紧急情况或应急作战的装备物资，可以推进样机研发与演示验证。国防部采办与保障副部长组织实施中间层采办程序，也可以实施样机研发与演示验证。

（三）各军种与作战司令部是样机研发组织实施主体

各军种与个别作战司令部是各类样机研发的组织实施主体，通过不同的办公室和计划，组织实施不同类型的样机研发。各军种均组建了快速能力办公室，组织开展样机研发活动，加快向所属部门开发并交付紧急和颠覆性样机能力，满足各类军事需求和作战需求。特种作战部队通过先期技术演示验证计划，为快速样机研发和演示验证提供资金，以验证和评估新兴技术在实际环境中的作战效用。

三、建立顺畅高效、灵活多样的样机研发运行机制

着眼于快速提升作战能力的需求，美军针对大型装备采办周期长、吸收新技术滞后、手段落后等问题，规范样机研发程序，优化与丰富合同签订方式，运用各种新兴技术手段，提升样机研发效率。

（一）规范样机研发程序，强化研发与作战结合

美军针对样机研发的作战使用性特点，明确规定了样机研发流程，明确相关部门管理职责与工作关系。样机研发程序包括7个步骤：①作战部

门、研发部门共同研究，明确拟解决的军事能力差距与需求，提出样机研发目标。②项目管理团队制定样机研发规划，明确样机研发项目任务、管理和进度安排。③项目管理团队拟制样机研发征求建议书，明确研发任务和技术要求。④择优选择样机项目，明确选择标准，遴选最有前途、创新和具有成本效益的样机项目。⑤有效地管理样机研发项目，控制各类风险。⑥通过演示验证、作战实验和红队评估，开展样机技术性能与作战效用评估。⑦推动样机转化应用，技术成熟度6~9级的项目，直接转化到作战应用，以解决现有的关键作战能力差距；技术成熟度5~7级的项目，或集成到现有采办项目中，或转化到新的采办项目中；不成熟的项目，转回到基础研究或应用研究，或直接终止。美军样机研发程序是一个反馈闭环过程，强化样机研发与作战紧密结合，以满足作战任务为起点和需求牵引，再以实现作战任务为落脚点。

（二）便捷灵活地签订合同，激发全社会创新活力

美军针对样机研发的创新性、开放性特点，采用各类灵活、快捷的合同或者协议签订方式。①签订其他交易协议，不受《联邦采办条例》等法规约束，军地双方直接签订灵活、快捷的创新协议。②授权军种直接采购。《美国法典》第10篇赋予各军种直接采购权限，用于购买实验用零件、部件、器械等，用在样机研发上可以提高采购效率。③签订不确定交货、不确定数量（IDIQ）合同。合同签订官采用这种签约方式，可以快速地把样机研发任务订单直接添加到这种灵活、放权的合同中，由于有货品和数量的充分授权，合同签订官可以快速授予样机研发合同。④采用其他创新方式，如小企业创新研究合同、合作研究与开发协议等，快速签订各类样机项目合同或协议。美军对样机研发充分放权，采用便捷的各种签约方式，旨在更大范围地吸纳全社会创新力量参与样机研发，增强美军创新活力。

(三）采用新兴技术手段工具，缩短样机研发周期

美军针对实体样机和虚拟样机研发的不同要求，采用增材制造、建模仿真等技术手段，缩短样机研发周期，快速跨越科技与作战的死亡之谷。

（1）实体样机研发的主要工具。增材制造（AM），从计算机辅助设计（CAD）文件中读取数据，通过逐层添加液体、粉末或其他材料，连续打印以构建3D对象，用于增材制造的常用材料包括塑料、金属和混凝土。计算机辅助设计，使用计算机系统帮助设计师进行详细工程设计，通过绘制2D工程图，明确模型或物理零件的3D构型，以降低产品开发成本、缩短设计周期。硬件在回路仿真系统，利用仿真系统来测试物理样机的工具，样机的真实信号输入或从模拟组装产品的测试系统中输出，缩短样机测试和设计周期。

（2）虚拟样机研发的主要工具。高级建模和仿真（AMS）系统，主要利用高级计算功能，创建与实体系统紧密匹配的模型和仿真系统，使用户能够观察物理过程。人工智能（AI），将大量数据与快速、迭代的处理和智能算法相结合，使软件可以通过数据的模式或特征自动学习并执行类人的操作。机器学习（ML），基于统计技术编程，使计算机系统能够"学习"数据并建立分析模型，能够自动生成模型，可以快速而准确地分析大型复杂数据。增强现实（AR），可用于识别系统设计，作战概念（CONOPS）或其他输入中所需的更改，而无须制造物理样机。混合现实（MR），汇集了现实世界和数字元素，当用户与虚拟环境互动时，使用户能够看到并沉浸在周围的物理世界中。借助混合现实系统，用户可以使用下一代传感和成像技术与物理和虚拟物品以及环境交互并对其进行操作。虚拟现实（VR），是在模拟环境中进行的交互式计算机体验，为用户提供有关使用模拟系统的视觉，听觉和其他类型的感觉反馈。与增强现实相似，虚拟现实可以用

于识别系统设计、作战概念或其他输入中所需的更改,而无须制造物理样机。

四、美军样机研发的特点分析

(一)注重融合发展,样机研发深嵌于科研与采办程序

在国防科研程序中,样机研发深嵌入联合能力技术演示验证、新兴能力技术开发、快速创新基金等科研程序;在国防采办程序中,样机研发深嵌于6种采办程序中,特别是中间层采办和应急采办程序中,样机研发成为这两类程序的核心内容。样机研发与国防科研与采办程序的相互渗透与依存,构成了多样化的科研与采办模式,项目管理人员可以根据不同的需求、能力和项目特点,灵活选择适合的科研与采办路径,加速科研向采办转化,科技向作战转化。

(二)聚焦实战应用,推动样机技术向作战能力快速转化

作战样机研发成果可直接转化应用于基层作战部队,因此美军在组织管理体系中,注重国防科技、作战和装备采办的密切合作,注重作战部队对样机研发的作战需求牵引与实战应用。例如,特种作战部队为快速样机研发直接提供资金,通过演示验证、作战实验和红队评估,演示验证和评估新兴技术在特种作战环境中的作战效用;联合参谋部J8设置战争演习激励基金,用来资助分析性作战演习,开展作战样机的桌面演示验证,直接支持作战部队的优先作战任务需求。

(三)充分向下放权,激发各军种和个别作战部门创新活力

各军种和个别作战司令部的相关部门具体组织实施美军样机研发,样机研发成功与否最终靠各部门的创新计划和项目来落实。近年来,美国国

防部进一步向各军种和个别作战部门放权,鼓励各部门开展各具特色的创新计划和项目,如各军种的快速能力办公室、空军的试验倡议、海军的技术创新演示验证,陆军的技术成熟倡议,联合参谋部 J7 作战实验室激励基金(WLIF)、J8 战争激励基金,特种作战部队先进技术演示(ATD)等,使各部门拥有较大的样机研发管理处置权,增强主动性与创新性,提升样机研发管理效率。

(四)突出技术驱动,强化工具手段在样机研发中的应用

大数据、人工智能等新兴技术的广泛应用,是近年来美军采办管理的鲜明特征。美军在样机研发工作中,也顺应新兴技术快速发展的时代趋势,强化各类新技术手段的深入运用,充分采用增材制造、计算机辅助设计、高级建模和仿真、机器学习(ML)、人工智能等技术手段和工具,实现样机研发过程的数字化、智能化,提高样机研发与转化应用效率。

(军事科学院军事科学信息研究中心

张代平　魏俊峰　卢胜军　杨亚超)

美国国防部新型投资工具
——国家安全创新资本分析

国家安全创新资本（NSIC）是美国国防部2019年启动的一项新的投资计划，主要针对难以获得美国私人投资的硬件初创企业，通过为其提供资金，推动军民两用硬件产品（支持平台、系统、组件或材料）开发，加速创新成果商业化和军事化应用。2021年4月，国家安全创新资本官方网站正式上线，表明其经过不断发展完善，正加速推广应用，有望成为美国国防部推进硬件领域军民一体化发展的重要驱动力量。

一、基本情况

（1）成立背景。一是关键硬件领域投资不足。长期以来，美国的风险投资青睐于相对轻资产、能够短周期快速迭代的软件领域（约占92%），知识和资本密集型的硬件领域投资严重不足，导致硬件初创企业转向海外寻求投资，造成知识产权流失他国，限制了美国国防部对相关技术和产品的获取，并危及美供应链安全、削弱美竞争优势。二是私人资本不愿为国防初创企业投资。由于国防科技成果转化具有高风险性，加之国防科技研发过程中信息不对称，专注于为国防部提供服务的初创公司难以吸引私人资本。因此，国防部设立国家安全创新资本，通过为军民两用硬件初创企业提供资金，向投资界发出国防部支持军民两用硬件技术开发的明确信号，以吸引更多的私人资本，降低技术开发风险。

（2）发展历程。《2019财年国防授权法》授权美国国防部创建国家安全创新资本，2021财年，美国国会为国家安全创新资本拨款1500万美元；2021年3月初，国防部组建国家安全创新资本的工作团队，随后正式开通工作网站；2022财年国家安全创新资本同样获得1500万美元。目前，国家安全创新资本正在开展2023财年项目申请。

（3）基本职能。国家安全创新资本办公室隶属于国防创新小组，主要通过国防部实验室、孵化器和风险投资公司寻找合适的硬件初创企业，并进行针对性投资，重点关注早期开发阶段或预生产阶段的硬件技术（技术成熟度大于3），加快开发对国家安全和经济竞争力至关重要的军民两用硬件产品。根据国会要求，国家安全创新资本将与国防工业委员会、国防科学委员会建立咨询关系。

二、聚焦硬件领域技术开发，加快推动国防科技创新

国家安全创新资本聚焦下一代硬件技术，用于支持陆、海、空及太空领域分布式作战的互联移动和边缘系统，主要涉及五大技术领域。①自主系统。小型自主和反自主系统、子系统及其组件，包括传感器、控件、通信系统、电源等，用于单独部署、集群部署和有人/无人编队部署。②通信。与未来系统架构和标准相关的5/6G蜂窝、卫星、光子和量子通信硬件，

包括天线、发射器/接收器、滤波器、放大器、处理器及相关组件。③能源。发电和储能能力，包括先进的电池化学组成（如硫、钠、空气）、新型电池制造工艺、电池管理技术和先进的能量转换系统等。④传感器。测量时间、速度、位置、温度、磁性、重力、流量、多光谱辐射等的传感装置，要求利用包括量子效应在内的各种技术，需具备小型化等特点，可实现数据融合，并与物联网（IoT）架构兼容。⑤太空。用于火箭、卫星和深空飞行器等平台的系统、子系统及组件，可实现环境控制、通信、制导、导航等功能。

2021年，国家安全创新资本向多个技术领域的企业授出原型样机开发合同，并投入全部1500万美元资金，用于开发高超声速飞行器用新型火箭发动机，高性能输氢、储氢材料的制造工艺，新型高性能磁铁，基于下一代电池化学的高能量电池，高性能、高可靠性航天器平台等。

三、采用简化的竞争招标流程，缩短合同签订时间

国家安全创新资本通过"商业领域加速机会"（CAO）竞争性程序进行招标（图1），倾向于开发工程样机、生产样机、演示系统、相关试验和测量设备的原型样机项目。

"商业领域加速机会"竞争性招标流程主要包括提交商业计划书、召开推介会、征求原型样机提案等阶段。

（1）提交商业计划书。初创企业按要求提交不超过20页的幻灯片，主要包括关键人员基本信息、技术发展现状及相关知识产权、两用价值、投资情况及来源、高级商业计划（包括近期及产品发布前的资金需求）等信息。国家安全创新资本办公室和国防创新小组将根据与感兴趣领域的相关

性、产品开发计划的潜在风险、技术和管理团队的实力、所需资金规模等内容,对初创企业所提交的商业计划书进行综合评估。该招标持续开放,初创企业可随时提交商业计划书,国家安全创新资本办公室将实时组织评估。

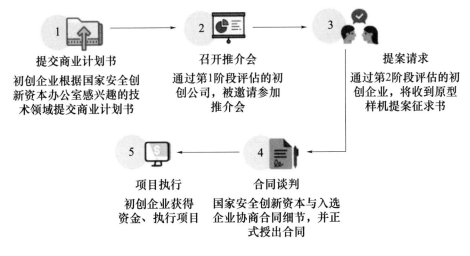

图1 "商业领域加速机会"竞争性招标流程

(2) 召开推介会。通过第1阶段评估的初创企业将被邀请进行现场或在线展示,进一步介绍其概念、技术或解决方案,以及拟议解决方案的技术/业务可行性,还可进行相关的技术演示,并根据政府要求提供附加信息,作为商业计划书的补充。该阶段评估内容与第1阶段相同。

(3) 征求原型样机提案。政府发布原型样机提案征求书(RPP),通过第2阶段评估的初创企业将被邀请提交一份完整的书面提案,包括技术方案和报价明细表两部分。其中,技术方案需包括拟开展工作的背景、目标、方法、预计交付成果、项目进度表等。国家安全创新资本办公室、国防创新小组及其他相关国防部机构或联邦组织将组织提案评估,重点关注相关技术能否增加国防部任务效能、是否满足成本要求等。

根据《美国法典》的授权，国家安全创新资本可采用原型样机类其他交易协议，更灵活、更快速地与初创企业达成合作协议。合同将授予不同开发阶段和技术类型的硬件初创企业，单个合同资金介于 50 万～300 万美元之间，初创企业可将该资金与其他政府资金或私人投资结合使用，项目执行期限为 12～18 个月。原型样机项目完成后，国家安全创新资本可视情况授出后续生产类其他交易协议，进一步推动创新技术的转化生产。

四、几点认识

（1）国家安全创新资本借鉴国防创新小组经验快速发展。2019 年，国家安全创新资本在国防创新小组的协助下筹建，此时国防创新小组已经过 3 年发展，运行机制、管理体制日臻完善，在融合军地科技资源、引进商业领域创新成果方面释放出巨大潜能。国家安全创新资本的发展充分借鉴了国防创新小组的经验，如参照其高效的项目招标机制，建立适合自身业务的"商业领域加速机会"竞争性招标流程，并采用"其他交易协议"缔约模式，极大地简化了合同签订流程（如与商业航空公司 Xplore 签订价值 200 万美元的合同仅用了 21 天），可吸引更多硬件领域初创企业融入国防科技创新体系，扩大美国国防工业基础。

（2）美国国防部积极采取措施吸引私人资本参与国防部业务。私人资本是推动国防科技创新的重要资金来源。增加军民两用初创企业的私人投资，不仅有利于缓解国防科研预算不足，还有利于在私人资本、企业和国防部之间建立互惠互利的良性合作关系。近些年，美国国防部在改善与私人投资界的关系方面取得显著进展。例如，通过 AFWERX、国防创新小组等机构向国防市场开放非传统业务,将私人资本与创新公司联系起来;创建可信赖投资计划,改善企业获取私人资本的流程等。国家安全创新资本是美国国防部提高特定领域(硬件)私人投资数量的重要尝试,对于平衡硬件领域投资、推动硬件产品开发具有重要意义。

(3)国家安全创新资本反映出美强烈的技术保护倾向。近些年,大国竞争成为美国安全的首要关切。为保持技术优势,美国国防部以更积极的姿态布局科技和创新,从顶层战略到具体项目,大国竞争意识已渗透至美国国防科技活动的各个方面,体现出美国国防部超强的危机意识和执行力。国家安全创新资本主要针对美国国内依赖外国战略性投资(主要是中国)的硬件初创企业,并视情投资在美盟国成立但在美开展业务的初创企业,资助条件之一是企业承诺不接受来自竞争对手的未来资金。此举力图从源头上保护美国的硬件创新技术,将硬件产品知识产权留在国内,避免被竞争对手利用,进一步强化其在科技竞争中的优势地位。

(军事科学院军事科学信息研究中心　蔡文蓉　魏俊峰)

美国国防部联合人工智能中心管理举措分析

美国国防部联合人工智能中心（JAIC）作为美军推进人工智能发展的核心机构，自2018年成立以来已发展成为200多人的专职机构。2021年，联合人工智能中心将工作重点转移到促进联合作战行动上，在管理体系、运行机制、创新计划、成果转化等方面形成了独到的创新举措和经验做法，为推动美军人工智能快速发展与转化应用发挥了重要作用。

一、组织管理体系及其最新改革

2018年6月，美国国防部常务副部长杰克·沙纳汉发布备忘录，宣布成立联合人工智能中心。其总体目标是加速交付人工智能技术能力，提升人工智能技术在国防部应用范围和影响力。联合人工智能中心与国防部研究与工程副部长人工智能管理部门互为补充，前者侧重人工智能技术的近期开发、试验和作战应用，后者侧重于人工智能基础研究、技术发明与创新。

联合人工智能中心主官是主任，由美军三星将官担任，向国防部首席信息官汇报工作。主任下设副主任、行动小组、首席技术官、首席运营官等。中心首任主任是国防部情报副部长办公室负责作战人员支持的国防情报主任杰克·沙纳汉中将，现任主任是迈克尔·格罗恩中将，于2020年10月就任。副主任作为联合人工智能中心主任的高级顾问，负责吸引和培养世界一流的任务驱动型人工智能人才，加速人工智能在整个国防部的大规模采用和集成。首席技术官负责协助国防部在采用下一代人工智能和软件技术方面实现转型。首席运营官负责人工智能业务运行管理。

按照业务分工，联合人工智能中心下设任务部、能力发展部、规划预算采办部、战略与政策部（图1）。任务部负责组织联合指挥控制、联合后勤、联合兵力防护、联合信息作战、分享医疗等各专业领域人工智能工作，组织实施国家人工智能计划，负责与工业界、学术界合作；能力发展部负责人工智能项目管理、数据学科和基础设施与平台建设；规划预算采办部负责人工智能技术规划计划预算和采办；战略与政策部负责制定人工智能发展战略、政策制度，负责人力资源管理与国际合作事务。

2021年11月，美国国防部宣布拟将国防部数字服务局、联合人工智能中心及首席数据官办公室重组为首席数字与人工智能官办公室。2021年12月，美国国防部常务副部长凯瑟琳·希克斯签署主题为"设立首席数字和人工智能官"的备忘录，提出将于2022年2月1日在国防部设立首席数字和人工智能官（CDAO）职位，加强和整合国防部的数据、人工智能和数字解决方案；2022年6月首席数字和人工智能官办公室将具备完全运行能力，届时将接替联合人工智能中心，并直接向国防部副部长汇报工作。

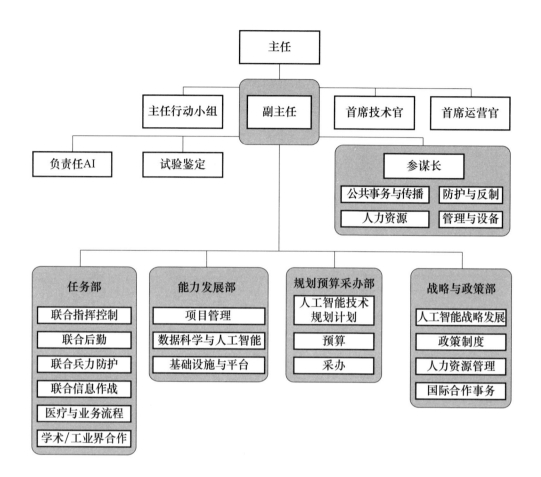

图 1 联合人工智能中心组织架构

二、实施多样化人工智能创新计划

2019年3月，联合人工智能中心获得全部运行资金，陆续启动6个国家任务计划，促进人工智能技术发展与军事化应用。2021年，联合人工智能中心加强与军种合作，持续推进各项创新计划项目运行，提升人工智能技术在军事作战、健康、业务、后勤、信息作战等多个领域的军事应用能力。

（一）联合作战行动计划提升军事作战能力

联合作战行动计划通过将人工智能赋能的应用优势集成至作战系统、流程和平台，为美军提供持续竞争优势。该计划的目标是威慑对手，并在威慑失败的情况下，与对手交战并获取胜利。代理主任南德·穆尔甘达尼称，2020财年，联合人工智能中心在联合作战行动计划上的开支超过其在所有其他国家任务计划上的开支总和。2020年5月，联合人工智能中心授予布兹·艾伦·汉密尔顿公司一份为期5年、价值8亿美元的主合同，研究创建应用于联合全域指挥控制的人工智能组件。

（二）作战人员健康计划开展医疗保障领域能力研发

作战人员健康计划旨在利用人工智能识别并减轻作战人员所面临的紧迫的健康挑战，大幅缩短提供医疗保障和服务的时间，通过增强作战人员健康来提升其作战效力。2021年4月，联合人工智能中心披露，该团队成员正在开发用于自杀干预和预防的人工智能工具。下一阶段，团队将继续开发指挥官风险缓解仪表板（CRMD）、国防健康局医疗记录等相关人工智能产品。

（三）业务流程转型计划改进国防业务自动化管理

业务流程转型计划旨在通过利用人工智能技术来提高国防部业务流程的效率，改善数据管理，实现流程自动化。国防部首席管理官办公室采用团队开发的"补救语言信息分类器"，能够识别不符合管理与预算办公室标准的表单。这个以知识为基础的专家系统使全部4万份表格都符合要求，为国防部节省了超过1300个工作小时。2021年4月，"业务流程转型"团队与海军陆战队人力与储备事务部建立战略合作关系，成立一个为期60天的评估团队，评估其人工智能应用成熟度。2021年，联合人工智能中心启动智能业务自动化（IBA）项目，旨在使国防部人员利用流程自动化工具提高日常工作效率，后续将开展该项目的作战试验。

(四)威胁降减与防护计划应用人工智能模型应对威胁

威胁降减与防护计划旨在利用人工智能更准确、更快地为第一响应人员提供关键信息,缩短搜索、发现、资源分配和救助行动的时间,加快信息传播,提高分析人员的工作效率,以便在救灾行动中拯救生命。2019年2月启动的人道主义援助和救灾项目,工作重点是部署支持飓风救助和野火救援等工作的人工智能能力,现已与加利福尼亚州国民警卫队成功进行了初步模型的演示验证。2020年,联合人工智能中心将威胁降减与防护升级为联合兵力防护。

(五)联合后勤计划采用人工智能技术推进后勤业务改革

联合后勤计划旨在通过人工智能驱动的训练、流程改进、需求预测和供应链优化,提升联合后勤能力。2019年1月启动的"预测性维护"项目,通过利用人工智能分析历史数据以及来自关键传感器组件的数据,向H-60"黑鹰"直升机交付发动机健康模型,用于提前检测故障并予以预防,同时取代精确度低、耗费人力的飞机维护计划。2020年4月开始,联合人工智能中心将预测性维护升级为联合后勤。2021年2月,联合人工智能中心资助算法战临时计划活动办公室为陆军航空和导弹司令部开发了名为"自动火力"的人工智能工具,能够对发动机部件进行故障分析。

(六)联合信息作战计划提升信息环境作战优势

联合信息作战计划旨在通过改进国防部整合商业和政府部门先进人工智能赋能解决方案的能力,提升国防部基础数据的标准化水平,支持高性能人工智能赋能能力的部署,提升国防部在信息环境中的作战优势。针对网络事件探测开发的融合高性能计算、分析和张量的多维异常探测(MADHAT)程序,具备对网络数据的高维探测能力。该程序通过利用高性能计算来加快相关技术研发的进程,并将其转变为防御能力,可更有效地探测微小的敌对威胁，现已完成部署，正在对从事高性能计算机现代化项目的分析师进行该工具的操作使用培训。

三、改进基础设施与运行机制，提升运行管理效率

2020年3月，联合人工智能中心在总结前期计划实施经验教训基础上，启动联合人工智能中心2.0，进一步加强信息化基础设施建设，优化业务管理模式，利用人工智能技术推动国防部各项建设长远发展与改革。

（一）开发联合通用基础平台，支持技术快速研发、测试与部署

联合通用基础（JCF）是一个企业级的人工智能云平台，也是国防部用于开发和部署AI/ML功能的主要平台。联合通用基础能够提供人工智能开发环境，在国防部范围内测试、验证和部署人工智能能力；同时也能够提供技术测试平台，降低国防部应用人工智能技术的壁垒。在网络安全方面，还能够提供网络安全加固环境，加速对人工智能产品的安全评估。

2020年8月，美国国防信息系统局与联合人工智能中心共同授予德勤公司一份为期一年、价值1.06亿美元的合同，开发"联合通用基础"平台，以更好地支持2.0阶段的业务。在2020财年所完成的架构、工具和技术开发基础上，该项目2021财年的研究重点是设计并构建识别、跟踪与目标计划工作流，并在国防部保密网络上开展能力测试。2021年3月，联合人工智能中心主任迈克尔·格罗恩在参加国防工业协会举行的首届国家安全AI会议和展览时表示，"联合通用基础"平台已达到"初始运行能力"，并且在各军种已拥有用户。据统计，2021财年，"国家任务计划"中90%的人工智能项目的开发和测试都在该平台上完成。

（二）推出"信风"合同签订模式，缩短合同签订周期

在 1.0 阶段，联合人工智能中心采用传统的政府授出合同程序，即基于联邦采购条例的合同。这种采购机制耗时长、限制多、程序烦琐，无法有效应对突发或紧急需求。为寻求更加敏捷地采购人工智能产品，2020 年 12 月，联合人工智能中心推出"信风"（TradeWind）合同签订模式，并于 2021 年第一季度投入使用。"信风"通过搭建自动化采购管理软件或平台，由非营利公司对其进行管理和监督，利用"其他交易授权"（OTA）的方式，通过市场调研和前端合作来交付人工智能能力，并让传统和非传统公司以最佳方式在人工智能采购方面进行合作。"信风"有望将合同签订周期（从发布招标书到授出合同的时间）从原来 90 多天压缩到 30~60 天。

（三）建立开放协同创新机制，加速先进能力交付

联合人工智能中心建立开放协同创新机制，通过实施国家任务计划和部门任务计划，加速交付人工智能能力。国家任务计划旨在应对紧迫的作战或业务改革挑战，通常由联合人工智能中心主导，由一个跨部门专家团队实施，该团队由联合人工智能中心人员和国防部的领域专家组成。部门任务计划旨在应对部门级的挑战，联合人工智能中心与组成部门密切合作，通过利用联合通用基础平台、数据库等，加强与工业界和学术界的伙伴关系，加速各部门人工智能的部署。此外，联合人工智能中心还与国家地理空间情报局、民航巡逻队、联邦紧急事务管理局和夏威夷大学太平洋灾难中心合作，开发具有洪水破坏评估功能的人工智能系统等，加速先进能力交付。

四、采取多种措施，促进创新成果转化应用

联合人工智能中心采用与军种对接、演示验证，与学术界、工商界合

作等措施，促进科技成果快速转化应用。

（一）与军种研发合作，促进成果向军种转化应用

2020年以来，中心为陆军提供了20个可在室内自动导航的小型无人机系统，这将帮助国防部更好地了解如何将小型无人机系统整合到战术行动中，并推动小型无人机新战术、新技术和新程序的开发。2021年6月，美国国防部副部长希克斯在参加国防部AI论坛时宣布"人工智能与数据加速倡议"（AIDA）计划，旨在向作战部队指挥机关派遣多个技术小组，为联合全域指挥控制做好军事网络准备，使得作战人员能够快速获取基于AI系统的数据。

（二）与学术界和商业界合作，引入民用先进技术

2020年7月，代理主任南德·穆尔甘达尼在上任后首次新闻发布会介绍称，中心和国防部得到了技术行业的鼎力支持，与包括谷歌在内的所有主要的技术和人工智能公司都开展了商业合作。中心在硅谷设有专门人员维护与科技企业的合作关系，中心内部设有完整的数据和人工智能团队，负责评估新产品，跟踪学术研究和业界研究的前沿动态。

（三）开展技术演习试验，促进科技成果转化应用

2020年7月，美国空军与凯米塔公司签署合同，进一步推进"先进战斗管理系统"技术演示验证与转化应用。合同涉及"成熟、演示、跨平台和跨域的能力扩散，开放系统设计、现代软件和算法开发"，以实现先进战斗管理系统技术目标，最终成果将用于"联合全域指挥控制"能力。2021年7月，美国空军部首席架构师办公室组织了"先进战斗管理系统"架构演示与评估演习试验，旨在整合商业技术以实现决策优势。

经过3年的经验积累和技术储备，联合人工智能中心通过一系列管理措施，初步实现其加速人工智能在整个国防部领域的应用目标。未来，美军将在首席数据与人工智能官办公室领导下，推进人工智能战略谋划与技术布局，持续调整优化管理体制与运行机制，以抢占人工智能技术和未来战争优势地位，其后续改革动向值得关注。

（军事科学院军事科学信息研究中心　王鑫运　郝继英　张代平）

俄罗斯时代军事创新科技园运行管理分析

俄罗斯国防部时代军事创新科技园自2018年创建以来已运行3年多时间，在推动前沿技术创新与转化应用方面发挥了重要作用。2021年11月，《时代军事创新科技园法案》通过国家下议院一审，时代科技园基本完成"科研－教育－生产"三大集群结构布局，构建部署了由8个科研连构成的覆盖16个重点领域的科研力量体系，持续开展以人工智能为重点的前沿创新活动，推进建立国防预算与发展基金相结合的经费保障机制，科技园进入全面发展新阶段。

一、目标任务与管理架构

时代科技园是俄罗斯为提升国防科技研究创新能力、缩短先进武器装备"从概念到样机"的周期，在国家层面建立的首个集国防科研、教育、生产组织于一体的专业科研生产综合体。时代科技园由俄国防部主导建设管理，其运行发展瞄准两大目标，落实4项任务。

（一）目标任务

时代科技园发展瞄准两大目标：一是建设有助于推动、支持国防领域创新想法和突破性技术发展与实际应用的创新基础设施；二是形成有效的国防科研活动组织模式。时代科技园主要落实4项任务：一是寻找并实施国防军事重点科技领域的创新研发项目；二是推动并支持国防领域创新想法和突破性技术的发展及其成果转化应用；三是构建军地产学研组织之间在高科技军用/两用产品研制生产方面新的协作模式；四是保持并增强科技园成员组织的科研潜力。

（二）管理架构

时代科技园建设发展重大事项由俄罗斯总统最高决策。跨国防部等军地部门组建的时代科技园理事会是科技园工作的最高领导机构，负责科技园发展的全面领导、统筹规划、重要事项审批和跨部门协调。理事会主席由总统任命（现由政府主管军工的副总理兼任），理事会成员由来自军队、政府相关部门、俄罗斯先期研究基金会，以及科技园重要成员组织的代表组成。国防部主管科研创新副部长领导的国防部科研活动与先进技术跟踪（创新研究）管理总局是科技园工作的直接领导机构，负责科技园日常事务的领导审批和管理协调。该局下设的时代科技园自治机构是科技园工作的执行管理机构，负责科技园日常事务的组织执行和服务保障。科技园下设8个科研连，分别承担不同研究领域的辅助科研实验工作（图1）。科技园还专设科研开发总指挥一职（由库尔恰托夫国家研究中心主任兼任），负责领导科研协调委员会对科技园的科研开发活动进行协调指导。国防部科学技术委员会、创新项目与技术委员会等专家咨询机构也参与科技园科研开发活动的咨询评审。

二、发展动向

2021年以来，时代科技园继续扩大规模力量、拓展研究领域、丰富创民两用企业。利用小企业创新研究计划，积极吸纳富有活力的创新型小企业承担研究任务。在英国、新加坡等地，设立研发机构，利用当地创新资源，为国防科研服务，如海军研究局增设澳大利亚分部。

创新的组织方式逐渐多样。美国国防部适应技术创新过程的不确定性和灵活性，改变了提出需求与研发过程分离、军方与研发机构物理分割的状态，逐步打破内外部界限，形成新的多样化组织模式，非固定的参与关系不断增加。近 3 年来，美军成立 20 余个以军事需求为牵引、第三方管理、领域内各类研发机构集聚的技术联盟（如太空体系联盟、海军航空系统联盟等）。陆军寻求 5 年内建成 4 个大型基础研究区域核心机构和 10 个技术领域研究合作联盟。军种和作战司令部结合各自的任务特点，成立陆军应用实验室、空军创新工场（AFWERX）、海军敏捷办公室（NavalX）、海军技术桥、特种作战部队创新工场（SOFWERX）等新型创新组织形式，促进军方广泛与大学、企业、小企业和非营利组织之间建立联系，加强合作，形成可持续发展的开放创新协作网络。2021 年 4 月，海军建立软件工厂，聚合国防工业、小企业、政府和学术界的团队，通过快速的软件开发、认证、试验和部署，在数月甚至数周时间里，解决水面战舰队此前需要数年解决的难题。这些新型组织密集举办峰会、展示日、讨论会、挑战赛等活动，扩展吸收各种社会力量建言献策、参与研究，加快了国防科研在全社会的自组织协同创新过程。

创新的组织速度不断加快。美国国防部引入外部创新力量需要经历较长审批过程，这与新兴技术的快速发展与迭代速度不相适应，因此，近年来，国防部注重改革按部就班的审批程序，不断缩短创新触发信号与创新响应的时间和周期。加快创新的组织速度的重点是缩短合同签订时间，提高合同签订效率。如国防创新小组首创"商业领域方案征集"程序，可在新活动、增加经费来源、推进管理立法。

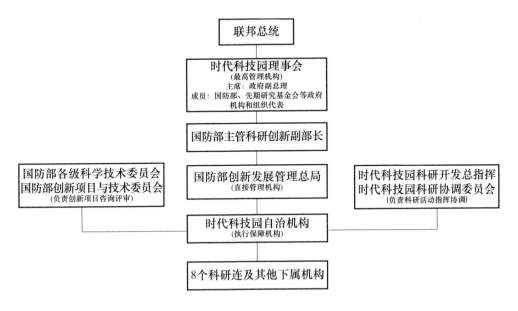

图1 时代科技园领导管理架构

(一) 形成完整的"科研-教育-生产"三大集群结构布局

时代科技园按规划由科研区、行政区和生活区三部分构成,其中科研区是核心区域,采取"科研-科教-生产"三大集群式结构布局,科研集群包括科研楼、实验楼、超算中心等,科教集群包括科教大楼、3D模拟大厅、交互式电子图书馆等,生产集群包括微电子设计大楼、微型生产厂等。科技园2018年初步建成科研、科教集群后即投入运行,之后采取"边运行、边建设"的模式,继续扩大科研和科教集群规模,并启动建设生产集群。2021年,科技园小型试生产厂建成使用,补齐了生产集群缺口。至此,科技园基本完成其"科研-科教-生产"三大集群布局建设。

(二）完成部署由 8 个科研连构成的覆盖 16 个重点领域的科研力量体系

时代科技园在成立之初，首批确定了机器人装备等 16 个重点研究领域（表1），相应地建设了 16 个专业实验室，并组建了 4 个科研连（每连 40 人）。近两年，科技园逐步扩大重点研究领域范围，增加专业实验室和科研连数量。到 2021 年底，已形成以 8 个科研连为核心、覆盖军事人工智能技术等 16 个重点研究领域的强大科研力量体系。

表 1　时代科技园 16 个重点研究领域

机器人装备	小型航天器
信息安全	定向能武器
自动化控制与信息通信系统	军用地理信息平台
能源供应技术与生命保障设备	水声物体探测系统
机器视觉与模式识别	水文气象和地球物理保障
信息技术与计算机设备	军事人工智能技术
生物技术和生物系统	雷达智能系统与高精度武器制导
纳米技术和纳米材料	通用数字技术

（三）继续开展以人工智能为重点的创新创意活动

时代科技园每年代表国防部组织开展多项大规模科技创新项目竞赛、成果展示及会议研讨活动。2021 年，科技园继续举办一年一度的全军"未来突破"竞赛、全国军用和两用人工智能技术研究项目竞赛；5 月，发起医学最佳创新想法竞赛。4 月，举办国防部"创新日"活动，集中展示 200 多项军内外创新成果；6 月，举办"俄罗斯高技术周"活动，展示 20 多项优秀技术创新项目。全年在第 3 届全俄科技大会框架下，围绕军事人工智能、机器视觉与模式识别等领域，先后举办 9 场科技大会活动，并于 8 月在第 7

届"军队–2021"国际军事技术论坛上,设立了科技园创新成果专门展厅,举办了 20 多场科学研讨会议。科技园举办的上述活动有力挖掘了军内外创新潜力与技术成果,有效促进了军地技术创新交流合作。

(四)推进建立"国防预算负担建设管理、发展基金提供项目融资"的经费保障机制

时代科技园成立以来,经费来源渠道较为单一,所有建设和运行管理开支全部由国防部预算资金承担,但国防部并不向科技园内开展的科研项目直接提供项目经费,只有关键的创新项目可获得俄罗斯先期研究基金会的有限资助。为拓宽经费来源渠道,提高项目资助力度,2021 年 3 月,俄罗斯国防部与国家工业通信银行签署协议,指定由该行创立并管理"时代科技园发展基金",充分利用各种社会资金来源,以投资、贷款、补贴、捐赠等形式,为科技园创新项目的实施、成果转化及市场推广,提供融资支持。该基金建立后,时代科技园"国防预算负担建设管理、发展基金提供项目融资"的经费保障机制也将随之形成。

(五)编制上报规范科技园运行管理的专门法案

俄罗斯历来重视法制建设,针对所有国防科研管理机构均会及时专门立法,如《先期研究基金会法》《库尔恰托夫国家研究中心法》等,时代科技园专项立法也不例外。2018 年时代科技园成立 2 个月后,俄罗斯总统就及时签发了《时代军事创新科技园章程》,明确其职能定位、目标任务、活动组织原则、领导管理体制及成员准入制度等基本内容。此后,俄罗斯总统指示国防部为时代科技园编制更为全面、细化的专项联邦法律。经过近 3 年的筹备与深入研讨,2021 年 6 月,《时代军事创新科技园法案》编制完成并正式提交国家杜马审议。11 月,法案通过国家杜马一读。该法案对时代科技园的财产关系、基础设施、活动组织、资金保障,以及政府部门在园区内的权限等做出全面规范，出台后将进一步强化对科技园运行管理的指导、规范和保障。

三、管理特点

时代科技园在运行管理上，具有项目管理规范与灵活并重、提供优惠条件但严格准入条件、人才使用与人才培养双向兼顾等特点。

（一）项目管理流程既规范严格又灵活高效

时代科技园建立了"项目申请-项目遴选-合同签订-项目执行-成果鉴定-成效评价"6个步骤组成的完整项目管理流程，且每个步骤的规范要求十分细致严格。例如，项目遴选须经过国防部各级科技委员会、国防部创新项目与技术委员会、科技园理事会的逐级审批，且设定了一系列严格的评估标准、倾斜条件和否定条件；项目执行须全过程跟踪监控，对因执行人过错而未能适当履行合同的，将严肃追究其财务责任，并在日后申请新项目时对其采取特殊的审查办法。与此同时，科技园项目管理也很注重灵活高效。例如，全国任何科研机构、院校、企业、团队乃至个人，不论军方地方、国有私有、规模大小，在全年任何时段均可通过科技园公开网站直接提交项目申请；在项目执行过程中如果收到另一个类似的项目方案申请，将迅速组织专家进行评估比较，如果新项目整体评估更优，则立即叫停原项目，改为实施新项目。

（二）给予优惠政策条件的同时严格准入制度

时代科技园为入园开展研究合作的组织机构提供多方面优惠政策条件。例如，允许免费或优惠使用园区内基础设施；租赁实验室适用简化合同程序；豁免开展教育和医学实验活动的国家许可；参与国防采办竞争时享受优惠政策；10年内免征组织财产税和强制医疗保险；享受免费或优惠的管理、咨询、信息、后勤和人力资源服务等。与此同时，科技园建立了相当严格的准入审查制度。所有申请与科技园开展科研项目合作或其他联合活动的组织，均须按规定的内容格式要求和流程提交申请文件。经科技园科研协调委员会、科技园理事会逐级审议通过后，方可与申请人签订"联合活动协议"。协议中须规定双方互动的形式、条件、机制及责任划分。只有协议签订后，申请人方被视为取得"科技园成员"身份，列入由科技园自治机构统一登记管理的"科技园成员名册"，享受相应的优惠政策条件。

（三）以科研连模式兼顾人才使用与人才培养

时代科技园实行俄军独特的科研连服役模式，每年从国家理工类高校选拔一批最优秀的毕业生进入科技园参与科研工作，同时履行兵役义务。这些年轻的科研连学员在为科技园提供智力与技术支撑的同时，也有机会接受全国一流科学家、设计师和技术专家的指导，并与不同学科精英交流合作，从而可以快速提升自身科研能力和职业技能经验。他们当中表现优秀的未来还有机会进入部队重要科研院所或国有大型军工企业，获得良好的职业发展前景。科技园的科研连学员2020年共发表1000多篇科研文章，获得60多项发明专利和软件注册权。截至2021年底，科技园8个科研连已累计培养学员400余人，其中不少人继续成长为军官，还有100多人进入重要军工企业工作。

时代科技园成立3年来，已与100多家军地科研院所、高校及企业签署合作协议，并吸引250多家单位表达合作意向，有力推进了对俄罗斯军地学研组织之间新的军事技术创新研发生产协作模式的探索与构建。科技园目前正在实施的创新项目已达到60多个，取得一批优质创新成果，有代表性的如引导直升机在复杂表面降落的光电系统、利用神经网络的地球遥感信息处理系统等，有效支持并推动了大量创新想法和突破性技术的发展及成果转化应用。

（军事科学院军事科学信息研究中心　马婧　张代平）

日本国防科技创新管理的重大举措分析
——基于 2021 版日本《防卫白皮书》

2021年，人工智能、量子技术等前沿技术迅猛发展，世界主要国家聚力推动国防科技创新发展。日本全面实施科技创新立国战略，相继出台《第六期科学技术创新基本计划》《综合创新战略2021》《防卫白皮书》等战略规划和政策文件，首次将2022财年军费开支突破国内生产总值占比1%的上限，并加大国防科技创新投入，从组织体制、运行机制、国际合作等方面大力推进国防科技创新发展，其国防科技创新管理举措值得关注。

一、顶层筹划科技发展战略规划，有力支撑前沿科技创新发展

为确保技术优势，日本以顶层科技军事战略规划为牵引，发布科技创新计划、科技白皮书等前瞻性规划技术发展路线，明确国防科技创新发展目标、重点任务和政策措施，持续加大军费预算，充分释放各方技术研发创新潜能与活力，为国防科技发展提供强劲动力。

一是构建国家科技战略规划,营造科技创新生态环境。日本通过最高科技决策机构——内阁府的"综合科学技术创新会议",从战略高度把握国家总体科技发展方向和制定策略方针,统筹分配国家科技创新资源,推动前瞻性、灵活性多领域跨部门协同合作,统揽科技创新发展。2021年3月,日本内阁府"综合科学技术创新会议"公布《第六期科学技术创新基本计划》,出台系列科技创新政策,强化鼓励科技创新的政策体制,促进新价值创造和提升前沿知识与科研能力,改善研发环境激发研究人员内在动力,培养面向新型社会科技人才。6月,日本内阁府通过《综合创新战略2021》。该战略是推动落实《第六期科学技术创新基本计划》科技创新政策的首年行动路线方针,提出官产学研协同推进重点技术领域创新战略等六大支柱方向。

二是出台国防科技领域战略规划,牵引国防科技创新发展。日本构建了由总体战略、中长期发展规划、技术发展路线图组成的国防科技战略规划体系,推进国防科技创新前瞻布局,支撑引领国防建设与军队发展。总体战略层面,《防卫技术战略》基于《国家安全保障战略》《防卫计划大纲》《中期防卫力量整备计划》制定,是日本国防技术发展的顶层规划和指导文件,长远谋划国防技术战略发展方向。日本政府拟于2022年底前修订"国家安全保障战略",这将牵引与指导《防卫技术战略》的调整。中长期发展规划层面,《中长期技术评估》是《防卫技术战略》的组成部分,原则上由防卫装备厅长官主导每5年修订一版。其基于国内外技术动向,对未来国防科技发展趋势与重点任务进行具体分析,突出挖掘和培育具有军用前景的先进民用技术。技术发展路线图层面,技术发展愿景立足最新科技动向,就《中长期技术评估》中提出的某项关键领域技术,规划未来国防技术研发路线图。例如,2019年防卫省发布《构建多域综合防卫力量研发愿景》，提出重点发展跨域作战所需的电磁领域技术、广域持续预警监视技术以及网络防御等新兴技术，加强创新技术高效研发与应用。

三是突破国防预算，持续加大国防研发投入。日本国防预算连续 10 年持续增长。2021 年 12 月，日本内阁府会议通过了 2022 财年共 5.4 万亿日元的国防预算案（2022 年 3 月国会审议），加上 7738 亿日元的 2021 财年国防补充预算，2022 财年军费开支占国内生产总值将达 1.1%，首次突破不超过 1% 的上限，为未来日本军力建设进一步松绑。另外，2022 财年国防预算案中，日本大幅增加颠覆性技术的研发经费，金额高达 3257 亿日元，比 2021 财年增加 1141 亿日元，创历史新高。日本加大颠覆性创新技术研发的支持力度，企图在新一轮大国博弈中赢得优势。

二、调整领导管理与组织机构，聚焦前沿技术创新发展

军民技术之间边界日趋模糊，日本不断拓展军民融合发展的广度和深度，新设创新领导职位，重组创新、情报和试验评估机构，加速构建官民联合协同的研发体制，培育和孵化具有未来价值的创新萌芽技术。

一是新设专门职位，强化尖端技术、情报和政策管理。2021 年，防卫省在装备厅技术战略部新设"先进技术战略官"和"技术合作推进官"两大职位，前者承担国内外前沿技术趋势调研和相关研发企划分析，后者负责推动大学、企业、研究机构等先进研究成果运用，加快构建先进技术在国防领域转化应用体制。2021 年 4 月，在防卫政策局新设"经济安全保障情报企划官"，负责有军用潜力尖端技术的情报收集和保护，严防日本技术情报泄露。防卫省还计划 2022 年在防卫装备技术厅设置"技术政策总括官"，强化国防科技政策管理，加强对战略产业链的保护。

二是优化重组创新机构，高效推动跨军种尖端技术应用。面对战争形态向高技术化加速演变，2021 年 3 月底，日本防卫省整合防卫装备厅电子装备研究所和先进技术推进中心，组建"下一代装备研究所"，聚焦电磁相关技术以及民间前沿技术，力图突破陆海空装备领域局限，打破原有体制技术转化应用壁垒，实现研究成果运用到装备成型的一体化管理。

三是建设试验评估设施，推进两用技术研发应用。防卫省认为两用技术可减少国家投资风险、降低武器装备成本，且有利于军工企业稳固发展，因而大力推动军民融合创新转化与配套机构建设。2021 年 9 月，日本防卫省在山口县岩国市新成立"舰艇装备研究所岩国海洋环境试验评估站"，推动利用两用技术研发水下无人机，地方高等教育机构也可共享其使用。

三、优化国防科技管理机制，推进官产学研协同创新

日本防卫省大力推动国家产官学研协同创新，加强与大学、科研机构、民用高新技术企业等创新主体进行合作和技术交流，探索横向合作模式并为国防科技创新提供动力，促进先进民用技术转军用，推动前沿技术转化形成作战能力。

一是利用国家顶层协调机制，促进官产学研科技协同创新。基于《综合创新战略 2021》，防卫省通过"综合科学技术与创新会议""综合创新战略推进会"等国家顶层协调机制，促进官产学研各方的充分沟通与协调，谋求提高国防科技与民用技术形成优势互补和协同效应，健全与科研机构人员交流机制，研判前沿科技未来发展趋势。

二是利用"安全保障技术研究"制度，识别早期颠覆性技术。日本防卫装备厅"安全保障技术研究"制度实施 8 年来，在推动尖端技术研发上

发挥重要作用，该制度通过面向企业、研究机构、大学等公开招募具有新颖性、独创性、变革性创意的民用先进技术项目，不断提高国防技术成熟度，助推国防领域的未来发展。截至 2021 年 11 月已累计采纳 118 个研究项目，其中 2021 年度采纳项目达到 23 项，超过历年水平，年度投资高达 101 亿日元。

三是优化技术研发程序和合同管理，加快技术优势形成与转化。在国际科技竞争环境中，日本加速推进尖端武器装备研制，促进技术研发流程优化，快速响应作战需求。例如，采用模块化等新手法高效推进装备研制，使高速滑翔弹、水下无人机、防区外电子战飞机等的研发周期大幅缩短；全力推动人工智能、虚拟现实和无人机技术等民用技术在国防领域的快速应用。此外，防卫省持续改革合同管理制度，不断注入创新活力。通过《长期合同法》，打破《财政法》规定的国库债务负担行为支出年限 5 年的限制，推行多年装备合同，确保多年稳定采办，增强企业人员与装备使用的计划性。在确保透明度和公平性的前提下，防卫省对遵循制度但不能参与竞争性采购的企业采用"自由合同"方式，汇聚各家企业的技术优势，实现最佳装备技术供给能力。

四、推动国防科技国际合作，加强敏感技术与供应链安全管控

随着高性能装备进口增加，日本面临着国内企业业务量骤减、武器装备技能难以传承、专业人才流失、部分企业退出国防工业、供应链下游中小企业倒闭等难题。为此，日本推动国防科技国际合作，加强敏感技术与供应链安全管控，以增加订单，扩大军工企业和技术在全球的影响力，提升科研生产能力。

一是积极推进国防科技与装备领域对外合作。在联合研发方面，自 1992 年以来，日美共实施 25 项联合研究和 1 项联合研发。2021 年，日本与美国合作开展下一代水陆两栖技术、网络接口技术、装备数据链接技术等研究。12 月，日英两国达成联合研制下一代战斗机发动机协议。在情报共享方面，3 月，日本与德国签署军事情报保护协定，加强双边情报共享等防务合作。在装备技术海外转移方面，通过在《自卫队法》中新设"特别条款"，突破了武器装备无偿或低价向海外转移限制。3 月，日本与越南举办在线研讨会，构建两国政府和企业的装备转移知识体系，推进向越南转移装备技术。3 月，日本印尼召开第 2 次"2+2"会谈，双方签署《防卫装备与技术转移协定》，促进两国之间武器装备技术转移。

二是加强知识产权和技术管控严防技术泄漏。日本防卫省通过运用合理恰当的知识产权合同条款，掌握研发过程中的知识产权，明确知识产权的政府与企业归属。防卫省与其他政府部门合作，推进将高敏感技术进行"技术黑箱化"，以防范通过"逆向工程"盗取核心技术，做好敏感技术管控。在涉及审查装备海外转移时，要快速正确地实施技术敏感性评估。企业与防卫省签订保密合同时，防卫省要明确应该实施保密的信息保护指标，使企业做好相关保密工作。2021 年 4 月，日本政府召开"综合创新战略推进会议"，决定在 2023 年创立日本首个防务领域的技术类智库，旨在推进军民两用先进技术研发和防止先进技术泄漏。11 月，日本政府起草《经济安全保障推进法案》（暂称），突出了保护机密情报和防止技术外流，健全了关乎国家经济安全的法制建设。12 月，日本政府加速探讨采用新制度，使能应用于军事领域的尖端技术（如用于核武器研发的铀浓缩技术）等专利不对外公开，以避免这些尖端技术流入国外。同时政府将以金钱补偿专利收入，以激发专利申请人的研发热情。

三是推动国防产业供应链可视化管理，增强供应链弹性。众多小企业承担国防科技研发与装备配套生产，他们的倒闭破产威胁供应链安危。2019年末，防卫省实施供应链调研，确定了拥有难以取代技术的关键供应商，发现供应链存在着订单向特定供应商过于集中的风险。为此，防卫省将调研结果形成数据库，对供应链态势实施常态化监控和可视化管理，以尽早掌握供应链断裂风险。2021年，防卫省继续发掘拥有先进技术的中小企业；构建供应链企业面临业务困境时的财政援助机制；鼓励把3D打印技术、人工智能技术应用于装备制造工艺，以应对供应链在关键领域的脆弱风险。

五、结束语

日本在国防科技战略规划引导下，从体制机制全面统筹国防科技创新发展，举力构建官产学研为一体的国防科研体系，推动军民科研生产兼容发展。日本敏锐捕捉新科技和产业革命发展潮流，全力挖掘和培育具有军用前景的先进民用技术，不断积累技术实力，打开军工高技术国际合作渠道，奋力谋求国防科技领域的全球竞争力和影响力。

（军事科学院军事科学信息研究中心　杨湘云　张代平）

美军定位、导航与授时政策改革分析

2021年4月以来,在大国竞争战略背景牵引下,美国国防部先后出台了定位、导航与授时(PNT)相关指令与指示,依法明确了美军PNT组织管理体系和运行流程。美军PNT政策改革呈现"聚焦实战、强化协同、凸显创新、突出对抗"的特点及发展趋势,相关动向值得关注。

一、政策改革背景

2019年8月,美国国防部公布《国防部定位、导航与授时体系战略》,2020年7月,发布4650.06指示《定位、导航与授时管理》指示,2021年5月进行更新,明确国防部PNT组织管理体系。2020年12月,发布4650.08指示《定位、导航与授时和导航战》指示,规范了PNT与导航战的管理流程。2021年4月8日,美国国防部更新了4650.05指令《定位、导航与授时》,明确了PNT政策体系。这次政策改革的动因主要有:

一是对抗大国战略竞争的必然选择。美军自部署"第三次抵消战略"以来,就将战略重点转移到大国竞争,认为"潜在对手越来越成熟地使用

PNT，开发 PNT 系统，其 PNT 杀伤力则不断提高。"为保持美军 PNT 优势，美军提出采用"创新、速度、敏捷"来对抗威胁，要求美军执行导航战行动，确保作战人员可在任何时间、任何地点、以任何方式获得 PNT 信息。为此，美军对 PNT 政策法规进行调整。

二是适应美军管理体制改革的客观需要。近年来，美军对作战与建设管理体制进行重大改革，将采办、技术与后勤副部长一分为二，设立了研究与工程副部长和采办与保障副部长，并成立了太空军和太空司令部。在新体制下，要求构建新的 PNT 组织管理体系，明确各部门职责与工作关系。

三是提升美 PNT 作战能力的制度保障。为应对中俄大国竞争需要，美军构建 PNT 组织管理与关键技术体系，增强美军的目标确定、态势感知和武器精确投送能力，改进国防部业务运行流程，提高美军建设和作战管理效能。

二、政策改革内容

（一）构建国防部 PNT 政策体系

美国国防部构建国防部 PNT 体系的"1＋1＋2"战略及政策制度体系，包括一个战略、一个指令、两个指示，使国防部 PNT 各项工作有战略指导，各项任务有法可依。

一个战略。2018 年 8 月 15 日，美国国防部发布了公开版《定位、导航与授时体系战略》，明确了国防部 PNT 体系的战略目标、管理体制、管理程序、军事应用和影响力，旨在利用现代化 GPS 等 PNT 能力，以模块化开放系统集成方法，为联合部队提供精确、可靠和弹性的应用服务。

一个指令。美国国防部于 2021 年发布了 4650.05 指令《定位、导航与授时》，作为国防部 PNT 顶层法规文件，明确了 PNT 政策体系和组织管理体系，明确规范了 17 个部门的职责与工作关系。

两个指示。2021 年 5 月 7 日，美国国防部更新 4650.06 指示《定位、导航与授时管理》，明确了 22 个部门的职责，以及 PNT 监督委员会、执行管理委员会、5 个工作组的工作流程。2020 年 12 月 30 日，美国国防部更新 4650.08 指示《定位、导航、授时与导航战》，明确了 PNT 及导航战政策和管理流程。

（二）构建国防部 PNT 体系的组织管理体系

国防部 PNT 组织管理体系分为建设管理体系与作战指挥管理体系。

1. 国防部 PNT 体系的建设管理体系

美国国防部构建 PNT 四级建设管理体系，明确了 PNT 体系的各级管理部门、职责与工作关系，确保国防部 PNT 工作的组织保障（图 1）。

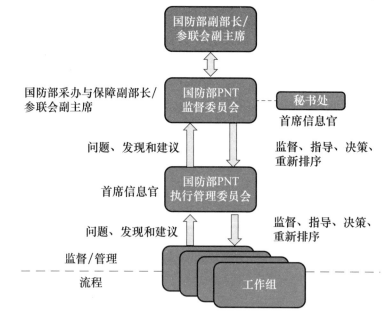

图 1　PNT 体系管理层级

一是采办与保障副部长、参联会副主席双层领导，对国防部 PNT 重大问题进行最终决策。采办与保障副部长主要监督或提供 PNT 能力与系统相关性能标准的系统采办。参联会副主席提出 PNT 作战需求。

二是国防部 PNT 监督委员会，主要负责 PNT 体系的开发、监督与评估等。监督国防部 PNT 体系，以及民用、商业、科学和国际用户的 PNT 服务；监督互操作性等 PNT 性能评估；识别并缓解 PNT 网络和漏洞；开发 PNT 体系架构；负责 PNT 资源配置工作。

三是国防部 PNT 执行管理委员会，负责支持 PNT 监督委员会的管理决策，为 PNT 监督委员会制定议题与建议，并在所有国防部 PNT 政策事务上担任首席信息官的主要咨询机构。

四是国防部 5 个 PNT 体系工作组，分别是 PNT 豁免工作组、PNT 导航战工作组、PNT 网络工作组、精密授时与时间频率工作组、天体参考框架工作组，主要负责各专业领域的组织管理与问题协调，评估专业领域政策，评审专业现状及问题，提出改进建议，开展专业学术交流。

2. 国防部 PNT 体系的作战指挥体系

美国国防部构建 PNT 作战指挥体系，明确 PNT 联合作战与导航战的各级指挥部门、职责与指挥关系，确保 PNT 导航战能力。

一是参联会。参联会主席确保 PNT 和导航战根据指令执行联合作战的概念、计划与条令，确保实战环境 PNT 能力的联合测试、训练与演习，监督盟友及其合作伙伴的网络加密任务，支持盟友的作战、演习、训练与研发工作。

二是太空司令部。太空司令部负责监督并指导国防部天基 PNT 联合作战，支持导航战联合弹性 PNT 能力；为作战司令部提供应急联合弹性 PNT 能力和导航战规划与作战支持；协调国防部的 GPS、PNT 和导航战相关试验、训练、演习等活动；指挥天基 PNT 作战，支持导航战联合弹性 PNT 需求。

三是其他作战司令部。战略司令部负责核指挥、控制与通信任务区的 PNT 使用与宣传，支持电磁频谱导航战。网络司令部支持国防部信息网络运行，并与太空司令部等作战指挥官协调，确保网络能力的开发与测试，支持联合部队导航战任务。

（三）构建 PNT 体系与导航战的运行流程

国防部构建 PNT 体系与导航战的管理流程，形成了 PNT 体系闭环迭代管理流程，制定了符合导航战的 PNT 需求、信息源、开放系统架构和演示验证的管理流程和要求。

1. 国防部 PNT 体系运行流程

《战略》明确了国防部 PNT 体系管理流程，实现指南发布、威胁分析、差距分析、能力分析、应用评估和项目执行评估的闭环迭代管理。运行流程如下：一是指南发布阶段，开展规划计划预算分析，需求分析，发布 PNT《国防规划指南》等规划文件；二是威胁评估阶段，开展作战对手（中国、俄罗斯等）能力分析与评估；三是差距分析阶段，分析美军 PNT 体系结构现状与问题，开展能力差距分析；四是能力识别阶段，制定科技路线图，分析美军军事技术与装备能力；五是应用评估阶段，包括通过建模仿真手段，开展各类用户应用前景、作战场景、装备维修保障和新装备方案分析；六是项目审查阶段，开展年度预算执行分析与评估。在此 PNT 体系闭环迭代管理流程中，指南发布既是起点，又是终点，项目报告评审结果再一次指导指南的制定（图 2）。

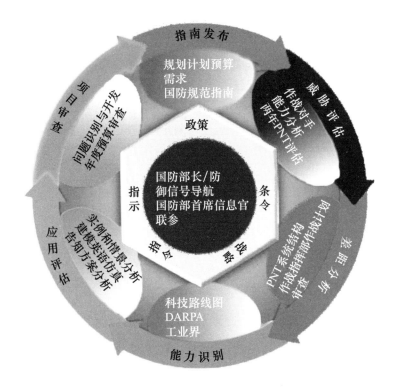

图 2　国防部 PNT 体系管理流程

2. 国防部 PNT 导航战运行流程

国防部导航战运行流程如下：一是 PNT 需求分析，确认所使用的 PNT 信息符合系统能力开发、真实威胁环境和关键性能参数需求；二是 PNT 信息源分析，确认信息源来自天基、非天基的，信息源是全球的、区域的、本地的，信息源是自然的或人为的，对相关信息源进行综合分析；三是开放系统架构，确保所使用开放系统架构符合多源 PNT 整合和接口标准，来自多个信源的信号能够组合到一个 PNT 解决方案中；四是演示验证，确认演示验证符合试验鉴定总体规划，开展研制试验鉴定和作战试验鉴定；五是完成导航战合规认证（图 3）。

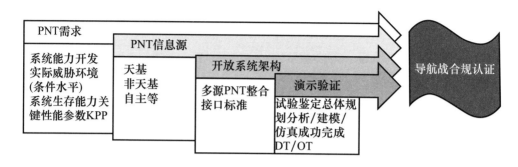

图 3 导航战管理流程

三、政策改革的特点分析

（一）聚焦实战，突出导航战及作战部队深度介入

美国国防部 PNT 体系系列政策均突出"PNT 作战应用"，突出 PNT 导航战及作战部队深度介入。战略作战司令部、太空司令部、网络司令部介入 PNT 能力，太空司令部下设联合导航战中心，全面领导和组织国防部天基 PNT 能力建设与作战运用。作战部门要整合并协调国防部的 PNT 与导航战能力，每两年向首席信息官提供友军和敌军的 PNT 和导航战能力评估。

（二）强化协同，强调跨部门、跨领域的协同管理与决策

美军构建的国防部 PNT 体系四级组织管理体系，涉及 20 多个部门，美军特别重视组建各种委员会、工作组，汇集信息、采办、科技、试验鉴定、政策、作战、情报等部门人员参加，可快速做出重大决策。采办与保障副部长和参联会副主席共同主持 PNT 监督委员会，全面决策国防部 PNT 体系事务。

（三）突显创新，强调国防科技研发创新推动作用

美国国防部 PNT 体系系列政策均突出"国防科技创新"，制定科技路线

图，负责 PNT 研发与新兴能力建设，协调研究项目，负责 PNT 研制试验鉴定工作，确定增强 PNT 体系的候选能力。

（四）突出对抗，强调防范战略对手的安保措施

美国国防部 PNT 体系系列政策均突出"对抗与防范"，如《战略》提出防止对手使用 PNT 服务，强调防范对手的对抗性措施，强化网络安全和 PNT 全环节全过程的安全防范，评估对手 PNT 系统能力与弱点，防止或降低通过直接商业销售将 PNT 能力转让给外军。

（军事科学院军事科学信息研究中心　薛晓芳　张代平　李向阳）

美国国防创新小组最新建设情况及发展动向分析

美国国防创新小组（DIU）创建于美军技术领先优势降低、商业领域创新速度远超政府部门的时代背景下，主要职能是加速美国国防部采用商业技术、变革军事能力、强化国家安全创新基础。运行 6 年来，国防创新小组始终坚守职能定位，不断完善运行机制，全面提质增效，为推动美国防科技创新提供了有力保障。国防创新小组现已成为高科技企业与美军方开展业务的关键门户，最新建设情况及发展动向值得关注。

一、国防创新小组总体情况

截至 2021 年 9 月，国防创新小组共拥有 211 名员工，其中全职人员 67 人，包括现役军人、文职人员、外聘顾问和专家等，兼职人员 144 人，包括兼职预备役人员、劳务派遣人员等。2021 年，国防创新小组总预算 6690 万美元，发布 26 项商业领域开放方案征集公告，收到 1116 个商业方案，授出 72 份原型样机类其他交易协议，8 个商业领域技术方案向国防部最终用户转化，平均合同签订时间为 137 天。2016 年 6 月至 2021 年 9 月，共授出 279 个原型样机类其他交易协议，35 项原型技术成功转化为产品或服务，245 家供应商参与，授出合同总金额约 8.927 亿美元，带动私人部门投资约 201 亿美元。

二、国防创新小组管理创新

2021 年，国防创新小组在保障常规业务运营的同时，积极扩大影响范围、建设国家安全创新网络、推进国家安全创新资本计划，进一步整合关键资源，提升创新能力和效率。

（一）扩大业务运营区域

国防创新小组积极拓展影响范围，以充分利用全美各地区商业领域先进技术。2015 年 8 月至 2016 年 9 月，国防创新小组先后在五角大楼（总部）、硅谷、波士顿、奥斯汀设立办公室（图 1），作为国防部获取商业领域先进技术的前哨基地和实体枢纽。2021 年 11 月，国防创新小组宣布将于

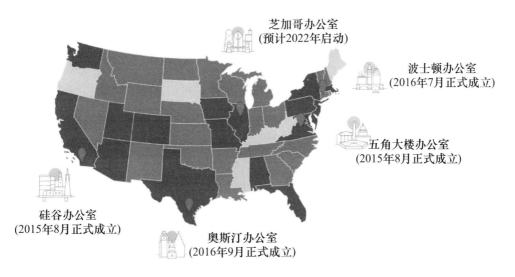

图 1　国防创新小组办公室分布

2022年开设芝加哥办公室，以利用美国中西部地区的商业技术和私人投资。2021年12月底发布的《2022财年国防授权法》也要求国防创新小组加强与全美各地区私营部门及社区的接触，并将先前未触及的社区（如经济弱势区）纳入合作范围。

（二）强化创新人才网络建设

国防创新小组下属的国家安全创新网络（NISN）致力于构建覆盖全美的创新人才网络，通过吸引新人才、发掘新创意、投资新供应商等，强化美国国防部解决问题的能力。2021年，其运行成果包括：为国防部引入4566名地方创新人才和180家初创企业；开发的技术概念和解决方案采用率高达115%，解决超过555个国家安全问题；基于国防部实验室技术孵化出20个两用初创企业；新增5名地区主管及11名大学项目主管，与全美85家高校建立合作关系，呈现出高校参与度大幅增加、参与群体多元化等特点。2021年，国家安全创新网络还积极探索强化业务职能的新途径，如新增"指南针"计划，专注于与经济欠发达地区的孵化器和加速器合作，为拥有潜在解决方案的两用初创企业提供为期3个月的定制化培训，促进其产品或服务向军事领域转化。

（三）启动新型投资工具

2021年2月，国防创新小组启动国家安全创新资本（NSIC）项目，主要职能是为军民两用硬件初创企业提供资金，加快开发军民两用硬件产品（支持平台、系统、组件或材料），同时吸引更多私人资本，降低技术开发风险、促进初创企业发展。国家安全创新资本重点关注早期开发阶段或预生产阶段的硬件技术（技术成熟度大于3），启动以来已向多个技术领域的初创企业授出原型样机开发合同，并投入全部1500万美元资金，用于开发高超声速飞行器用新型火箭发动机，高性能输氢、储氢材料的制造工艺，新型高性能磁铁，基于下一代电池化学的高能量电池，高性能、高可靠性航天器平台等。

三、国防创新小组重点领域创新进展

2021年，国防创新小组继续推进人工智能、自主系统、网络空间、人因系统、太空、先进能源和材料六大技术重点领域工作。

（一）人工智能领域取得重要进展

人工智能技术组合旨在利用人工智能和机器学习技术，实现任务预测和规划、异常检测、复杂系统控制、作战决策支持等多种能力。2021年重点项目包括"构建基于人工智能的知识图谱""预测性维护""智能业务自动化""高超声速导弹飞行轨迹建模"等，多个项目取得突破性进展，如"高超声速导弹飞行轨迹建模"项目成功开发出可模拟非弹道导弹和高超声速导弹飞行轨迹的原型样机，于2021年5月转化至导弹防御局，获得价值250万美元的生产合同。

（二）自主系统领域新增若干主题

自主系统技术组合旨在为用户配备人机交互或可扩展编队的自主系统，或使用户具备对抗自主系统的能力。2021年，该技术组合在反无人机系统、小型无人机系统、海上系统、增材制造的基础上，新增任务自主、后勤、地面机动等主题。其中，任务自主旨在优化人工智能/机器学习和自主学习行为、仿真环境等；后勤旨在简化供应链，减少人类参与危险后勤作业；地面机动旨在推动商用自动驾驶技术，以改善安全系统、燃油经济性等。重点项目包括"蓝色无人机""反无人机系统""电动垂直起降无人机"等。其中，"反无人机系统"项目开发出可自动检测、识别和打击目标的反无人机装置，现已被南方司令部、海军陆战队、国防威胁降低局等多个部门采用。

（三）网络空间领域多个项目实现转化应用

网络空间技术组合旨在为国防部人员提供公开、可访问、安全的体系化作战信息。2021年该技术组合持续更新和改进国防部的网络防御工具、监控和分析网络对抗活动、扩展网络工具包，以应对网络攻击，提高国防部态势感知能力。未来重点项目包括"专用5G""威胁搜寻""未来网络"等，"商业威胁情报数据库""网络资产库存管理""网络空间欺骗平台"项目已实现转化。其中，"商业威胁情报数据库"项目开发的解决方案可使国防部和联邦政府机构利用商业网络威胁情报数据及分析结果，从而加快网络情报周期；"网络资产库存管理"项目开发了一个数据集成平台，可使国防部更好地掌握其所有网络资产、软硬件及配置情况；"网络空间欺骗平台"利用复杂的欺骗环境来检测和警告敌对活动，已在美国和北约红队的军事演习中进行了测试。

（四）人因系统领域开展原型样机研发

人因系统技术组合旨在通过增强型装备、创新型训练和现代健康应用程序优化人因系统及其赋能平台，提升作战人员杀伤力、生存能力和战备能力。2021年重点项目包括"威胁暴露快速分析"项目，旨在改进商业领域可穿戴设备，利用基于医院感染数据的算法，实现新冠肺炎等传染病的症状前预警；"飞行员训练变革"项目，旨在将虚拟现实模拟器与开源学习管理系统和云优先架构相结合，创建可随时随地访问的全新训练环境；"生理状态监测"项目，旨在开发可监测飞行员生理状态的传感器原型。

（五）太空领域取得重要创新突破

太空技术组合旨在开发按需访问太空的能力、持久的卫星运营能力和宽带太空数据传输能力，重点关注平时指征与预警、低成本快速进入指定任务轨道、低延迟安全太空通信、可靠定位导航和授时、在轨后勤等。2021年重点项目包括合成孔径雷达、响应式发射、大容量电力推进器等。其中，"响应式发射"项目开发出价值2780美元的原型样机，可将总重量高达1200千克的航天器精确发射至近地轨道，11家供应商共同获得了价值9.68亿美元的不定期不定量交付合同。

（六）先进能源和材料领域正式部署项目

2020年10月，国防创新小组设先进能源和材料技术组合，旨在为美军引入商业领域战略性能源和材料能力，增强跨基地和分布式作战弹性。重点关注先进能源的生产、存储和运输，基础设施的智能、安全、高效，以及军事平台射程、航程和效率的增强等。2021年，该技术组合正式启动战车混合动力、军用车辆先进电池技术等项目。其中，战车混合动力项目致力于将商用混合动力汽车解决方案集成到战术车以降低油耗；军用车辆先进电池技术项目旨在利用商业领域电动汽车电池和组件开发标准化电池模块原型，加速各类军事平台的电气化进程。

四、几点认识

（一）持续优化业务流程，快速集聚创新力量

受国防采办体制僵化、工作程序繁杂、要求过多和投资回报周期长等因素的影响，国防部以外创新力量参与国防项目的积极性不高，导致商业高新技术成果难以服务于军事作战需求。国防创新小组通过简化国防部繁琐的工作流程，为快速高效引入商业领域先进技术开辟了新的、简洁的路径，得到商业公司的热烈响应，其原因主要在于高效灵活的运作机制：一方面，初步提案是简短的 5 页书面概要或 15 页简报幻灯片，大幅降低了商业公司参与国防部业务的前期投入成本；另一方面，国防创新小组始终致力于提高合同授予速度，缩短社会资本的投资回报周期及回款时间，赋予企业较大自主权，有效地提高了社会资本参与国防部项目的积极性。

（二）适时调整业务结构，确保聚焦核心职能

国防创新小组业务机构的改革与调整始终围绕"聚焦核心职能"这一主线。如设立国防联络小组、联合预备役分队等机构，旨在建立供需两侧更紧密的联系；将国家安全创新网络纳入统管，目的是将具有类似职能的重点机构整合，集中力量推动非传统采办模式的发展；启动国家安全创新资本，重点关注商业领域硬件初创企业。此外，国防创新小组办公室所在地均拥有雄厚的私人资本、创新技术及人才资源，最接近研究机构、商业创新系统及学术合作伙伴，为吸引社会资本、寻求商业领域先进技术、广泛利用国防部以外的创新力量创造了极为有利的条件。

（三）建立广泛合作关系，全面提升创新能力

国防创新小组与美国创新生态系统建立了广泛而深厚的合作关系。对内，与空军创新工场（AFWERX）通过同地办公和信息共享进行协调，以更好地引导商业公司选择最合适的渠道参与国防部业务；通过从军种引入小型团队、设立联合预备役分队等举措，强化与各军种、作战司令部、国防部业务局等的合作，确保准确理解各方用户的军事需求。对外，通过与国土安全部、美国国家航空航天局、能源部国家可再生能源实验室、麻省理工学院－林肯实验室等机构的合作，增强自身能力，实现资源共享、优势互补，进一步提高机构运作效率。

（四）及时提供接续保障，推动创新成果转化

在美国有大量创新成果因得不到及时的资金支持，后续转化能力不足，

社会效益、经济效益及军事效益无法释放。例如，ForAllSecure 公司曾参加 2016 年度 DARPA 网络大挑战赛并获得冠军，但因缺乏后续资金，创新成果被搁置。2020 年，国防创新小组授予该公司价值 4500 万美元的生产类其他交易协议，成功将软件安全解决方案部署到多个国防部机构。再如，国防创新小组为未来观察挑战赛 2.0 中最优解决方案提供后续资金，使其迅速转化至联邦应急管理局、国家地理空间情报局等机构；国家安全创新网络新设"矢量"试点计划，致力于为相关计划、挑战赛中涌现出的优秀创新成果提供后续资金，促进其军事化应用。

（军事科学院军事科学信息研究中心　蔡文蓉　魏俊峰）

美国国防部研究与技术局组织管理新进展

研究与技术局是美国国防部技术研发与保护的统管部门，隶属于研究与工程副部长办公室，与先期能力局（负责推进技术转移转化）、现代化局（负责战略优先领域技术规划）形成美国国防科研管理体系的三大支柱，共同推进美军科研体系高效运行。随着美国国防科研管理体制阶段性调整基本完成，研究与技术局进入稳定运行、全速推进国防技术研发新阶段，其基本情况及最新成果值得关注。

一、研究与技术局的组织架构

研究与技术局通过领导国防部技术研发组合、利用国家安全创新基地的科技能力、制定战略技术政策等，维持美国国防部的研发能力。其主要职能包括：领导国防部所有科学技术组合（从基础研究到先期技术开发）；充分利用国防部、学术界、小企业等的科技创新成果以加速技术进步；强化实验室基础设施建设，为国防部科研人员提供支持；监管国防部实验室、联邦资助的研发中心和大学附属研究中心等；制定国防部关键技术保护政策；促进与国防部内外部机构及国际伙伴的科技合作。

研究与技术局的管理团队由1名局长、1名常务副局长、2名业务部门副局长（负责研究、技术与实验室的副局长，负责战略技术保护和开发的副局长）、联合储备局主任、国防技术信息中心行政官、国防微电子处主任组成（图1）。

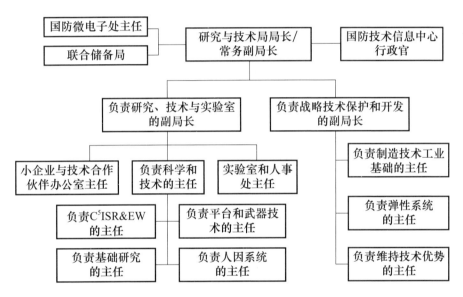

C⁵ISR&EW—指挥、控制、通信、计算机、网络、情报、监视、侦察和电子战

图1 研究与技术局组织架构图

（一）负责研究、技术与实验室的副局长

负责研究、技术与实验室的副局长主要职责是确定国防部战略投资领域，开展前沿科技研究项目，管理国防部实验室和研究机构，培育科技人才队伍，与其他政府机构、行业界、学术界及国际盟友/伙伴合作，以巩固美军技术创新的主导地位、确保绝对军事优势。下设小企业与技术合作伙伴办公室主任、负责科学和技术的主任、实验室和人事处主任。其中，小

企业与技术合作伙伴办公室负责管理小企业创新研究/小企业技术转让（SBIR/STTR）计划、快速创新基金计划（2020年被中止）等，并设国土防御和能力发展（HDCD）办公室，旨在改善跨部门国土防御能力、互操作性以及相关投资。负责科学和技术的主任职责是确保国防部在基础研究、人因系统、武器平台技术等领域的研发工作，下设负责基础研究的主任，负责人因系统的主任，负责武器平台技术的主任，以及负责指挥、控制、通信、计算机、网络、情报、监视、侦察和电子战（$C^5ISR\&EW$）的主任。实验室和人事处主任负责管理国防部实验室和研究机构网络，如联邦资助的研发中心和大学附属研究中心，以支持研究与工程副部长的使命。

（二）负责战略技术保护和开发的副局长

负责战略技术保护和开发的副局长主要职责是确保国防部系统弹性、打击非法技术转让、推进国家安全创新基地建设。下设负责制造技术工业基础的主任、负责弹性系统的主任、负责维持技术优势的主任。其中，负责制造技术工业基础的主任职责是监督国防科技工业基地的发展，监测供应链风险，评估国家安全创新基地面临的威胁、存在的不足，监管国防部制造技术计划及国防部制造创新研究所；负责弹性系统的主任职责是确保国防部系统可抵御高级网络威胁，关注系统从需求到设计、生产，再到维护、报废等全采办过程的安全；负责维持技术优势的主任职责是减少国防部关键任务、项目和技术的漏洞，防止竞争对手的恶意利用，并负责制定技术领域保护计划政策和指南。

（三）直属单位

联合储备局主任负责向研究与工程副部长决策层及时提供与现代化优先事项密切相关的信息，以确保其对新兴概念、技术、战略和实践的认知，从而增强国防部的决策能力和作战能力。

国防技术信息中心的使命是汇总、整合科技数据，为下一代技术开发快速提供信息。主要职能包括：通过安全渠道分享国防部科研数据以刺激创新；向国防部研究与工程体系提供加速技术开发的工具包；对科技数据、正在开展的项目及自主研发项目进行分析，最大化国防部投资回报率，并确定技术差距、未来挑战及发展方向。

国防微电子服务处旨在通过开发先进的微电子技术，快速推动国防系统现代化，重点关注安全的设计、组装、封装和试验能力，全寿命周期机密性和完整性，可持续资源供应以确保关键使能技术研发，以及建立充满活力的国内生态系统，促进新兴技术迅速安全地成熟转化。

二、研究与技术局组织开展的科技创新工作

（一）强化重点科技创新项目建设

加快引进小企业科技成果。①启用小企业创新研究/小企业技术转让计划创新门户（DSIP），替代原有网站，以提高项目运作效率。2020年，小企业创新研究/小企业技术转让计划参与度显著增加，新门户发布超过28项广泛机构公告，收到17000余项提案，比旧系统增加45%，授出4300多份合同，总金额高达20.6亿美元。②启动新的技术转化试点项目，专门为小企业创新研究/小企业技术转让计划第二阶段的技术提供投资策略，加速将其纳入国防部列编项目，促进创新成果转化。自2020年6月运行以来，该项目已资助24个项目，总计3940万美元。

加强创新机构科技引领作用。①指定空军联合作战分析中心、陆军研究所作为国防部科技革新实验室（STRL），可享受特定权利，如灵活招聘人才、自由支配资金、开展法律未授权的小型军事建设项目等，从而保持

其技术创新活力和商业竞争力。目前，美国国防部科技革新实验室总数已达 20 个。② 2020 年 7 月，美国国防部与卡内基梅隆大学软件工程学院续签 5 年合同，价值高达 27 亿美元，确保该机构继续作为联邦资助的研发中心开展计算机软件技术开发和网络安全领域的工作，推进国防部在软件方面的战略优势。

加大对少数族裔服务机构投资力度。2020 年，美国国防部向传统黑人学院和大学及其他少数族裔服务机构提供约 5000 万美元的资金，资助其开展国防部优先事项相关的研究。其中，陆军研究办公室为 31 所传统黑人学院和大学及少数族裔服务机构提供 2540 万美元的资金，支持其在人工智能、机器学习、大数据、量子计算等科学领域开展研究。陆军研究实验室出资 2450 万美元，在 4 所传统黑人学院和大学建立卓越中心，涵盖人工智能/机器学习，航空航天，量子科学，全网络化指挥、控制与通信等国防重点领域。

专项推动落后地区释放创新潜能。2020 年，基础研究办公室通过"促进竞争性研究的国防常设计划"（DEPSCoR）授出 19 份合同，价值 1020 万美元，旨在为基础研究经费不足、资源相对缺乏的州/地区提供资金，资助当地高等教育机构开展与国防需求相关的科学与工程研究，以弥补其基础研究短板、提升原始创新能力，并将更多高等教育机构及研究人员纳入国防科技创新体系。

（二）开展关键技术的基础性、原理性研究

微电子。2020 年，国防微电子服务处执行数百项以微电子为重点的技术开发项目和研究活动，并持续加强与全美主流微电子制造商和集成商合作，以维持微电子领域的关键能力，满足国防部需求。重点工作包括：借助私营部门和高校力量探索机器视觉、高性能射频设备领域的新兴技术；向国防部客户交付 600 余种定制微电子设备和系统，确保在关键作战中保持绝对优势；提供领先的可信微电子代工服务，可满足政府小批量需求。

生物技术。受新冠疫情影响，生物技术进一步成为美国国防部发展重点。2020 年，研究与技术局组建生物技术利益共同体（CoI），以推动国防部生物技术领域的投资，加速协调、整合、同步和推进合成生物学和新兴生物技术在下一代军事能力中的应用。2020 年 10 月，国防制造技术办公室启动第九个由国防部资助的制造创新研究所——生物工业制造创新研究所，以促进生物工业制造技术的可持续发展、加快美国生物技术创新。

人工智能。卡内基梅隆大学软件工程学院承担美国相关计划，推进可扩展、稳健、安全、以人为中心的人工智能技术的发展，并致力于提高云基础架构的安全性；英美自主和人工智能工作组开展联合保障自主补给（CAAR）实验，实现了通过半自主混合无人机系统为地面移动装备提供持续的态势感知能力；美国国防部在霍华德大学成立人工智能和机器学习卓越中心，专注于开发和评估用于战场物联网、电子战、反恐、网络安全等领域的机器学习算法和人工智能系统。

此外，研究与技术局还通过武器平台技术办公室等部门推动动能和定向能武器、作战能源、材料和航空航天技术及跨陆、空、海和空间领域有人/无人系统技术的研究。

（三）强化尖端科技保护

研究与技术局专门设立战略技术保护与开发副局长统管美军科技研发保护工作，下辖制造技术工业基础办公室、弹性系统办公室、维持技术优势办公室。

制造技术工业基础办公室。2020 年，制造技术工业基础办公室建立新的流程管理外国投资委员会，处理了 284 个外国投资案件，协调了 132 起中小企业审查；主持 77 项出口许可证审查、领导多项出口管制条例；发起 7

项技术产业基础评估,以支持各优先事项的路线图;牵头成立联合国防制造委员会(JDMC),该委员会是国防部高级领导人的论坛,通过提供战略指导、确定跨领域制造计划,最大程度提高国防部制造工业的价值。

弹性系统办公室。2020年,弹性系统办公室在技术和项目保护、软件保障、供应链风险管理等的政策、标准制定方面发挥了重要作用,如起草并发布国防部指令5000.83"维持技术优势的技术和项目保护",为保护美国关键研究、技术和计划提供指导。

维持技术优势办公室。2020年,维持技术优势办公室通过为学术界、美国政府和多边合作伙伴制定科技指南,有效地保护了美国的技术优势。该办公室还与国防部副部长办公室、国家安全委员会密切协调,制定了《关键技术和新兴技术国家战略》,该战略已由白宫于2020年10月发布。

(四)通过计划和路线图强化前沿技术超前布局

美国国防部加紧擘画关键技术的发展蓝图,明确了一系列关键技术的战略发展路线,将对美国国防部维持技术优势产生重要影响。例如,2020年,传感器/定位、导航和授时办公室领导开发了第五版《定位、导航和授时科技路线图》,预测美国国防部定位、导航和授时计划在近期(2020—2024年)、中期(2025—2029年)和长期(2030年及以后)的发展,为国防部机构科技投资提供指导。2020年版路线图侧重于建立开放式架构以整合国防部定位、导航和授时资源,以及提高涉及互补定位、导航和授时技术的建模和仿真能力。人因系统部制定了《获得性脑损伤研究路线图》,以填补非常规获得性脑损伤领域的重大科技空白,侧重于威胁源识别和评估技术、病理反应和病因特征、制定临床实践指南等。该部门加强伦理与诚信建设,发布了国防部指令3216.02《在国防部研究中保护人类受试者并遵守道德标准》,以更好地保护人类受试者及其生物标本、数据。

三、2021 年推进的重点任务

研究与技术局 2021 财年重点推进五大领域的工作：一是加强对国防部的科技领导能力，包括人员、基础设施和技术研发，以维持强大的科技和创新基础；二是制定研究与技术领域相关政策、战略、指令、指示、立法提案等，以提供竞争优势并促进创新；三是识别关键技术，提供技术指导，赋能联合作战和跨域作战等；四是加强战略伙伴关系和联盟，强化研究与工程副国防部长、国防部长办公厅和联合参谋部之间的合作，实现资源共享、优势互补，推动创新技术快速转化；五是制定战略沟通框架，采取措施提高国防部对科技创新生态系统价值的认知，促进国防部的科技投资。

四、几点认识

一是美国国防科技体系显示出较强应变能力。新冠疫情肆虐全球并对世界安全造成重大冲击，深刻表明整体应变能力已成为国家实力和竞争力的重要维度。美国国防科技体系充分证明其在关键时刻的应变能力。例如，疫情初期，基础研究办公室设置"牛顿变革思想奖"，鼓励研究人员发展变革性创意、建立基础研究新范式，以降低各地实验室关闭对国防科技创新造成的冲击；美国先进功能纤维制造创新机构、先进机器人制造创新机构等利用其独特的公私合作模式，迅速启动相关项目，在协调工业界生产个人防护装备、协助应对新冠疫情方面发挥了重要作用。

二是积极调动各方资源推动国防科技创新。在大国竞争背景下超越竞争对手，美国需更快速取得技术领先优势。为此，美国国防部一直致力于调动内外部科技资源，确保开发下一代技术时不遗余力。例如，设置"促进竞争性研究的国防常设"计划，推动地方科技资源的深度开发；通过"实验室－大学合作"计划，利用高校创新能力驱动国防部基础研究发展等。在人才资源利用方面，基础研究办公室重设国防部 J-1 签证豁免计划，使其可保留顶尖级外国科研人才，还通过传统黑人学院和大学暑期研究计划、教员奖学金计划等，尽可能吸引少数族裔科学家和工程师参与国防部项目。

（军事科学院军事科学信息研究中心　蔡文蓉）

拜登政府首份《国防授权法》科技要点解析

2021年12月27日，美国总统拜登正式签署《2022财年国防授权法》（以下简称授权法）。这是拜登任内首份统筹指导国防领域年度建设和未来发展的综合性、纲领性法律文件，涉及多项国防科技领域内容，旨在以法律形式保障2022财年国防科技投入、改善国防科技管理、规范国防科技活动、调节国防科技发展过程中的各种关系，是研判拜登执政下美国国防科技发展动向的重要参考。

一、2022财年授权法总体情况

2022财年授权法共910页，包括国防部授权、军事建设授权、能源部国家安全授权及其他授权、预算表、国务院授权、其他事务6部分，具体分为66章、6608节（非连续编号），与国防科技建设紧密关联的条款约70条，分布在国防科研（研究、开发、试验与鉴定），采办政策、采办管理与相关事项，国防部机构与管理，外国相关事项等章节，涉及战略调整、机构改革、技术研发、供应链管理、对外合作等内容，将全方位引领新财年美军科技发展方向。

在预算方面，2022 财年授权法批准了高达 7700 亿美元的军费开支（同比增长 5%）。其中，国防科研经费约 1177 亿美元，相较于 2021 财年的 1120 亿美元增加 57 亿美元，达到历史最高水平。国防科研项目中的基础研究、应用研究和先期技术开发（统称为科学与技术项目）经费增加超过 30 亿美元，用于资助大学、小企业、国防实验室和工业界前沿研究及原型样机开发。值得注意的是，2022 财年授权法高度重视 DARPA 的创新引擎作用，要求为其高风险、高回报研究增加近 10 亿美元资金，赋予更多人事权限，以强化其在美国国防科研体系中的核心地位，赋能新军事变革背景下的大国博弈。

二、2022 财年授权法科技要点分析

（一）加强顶层设计，统筹国防科技创新发展

授权法着眼于长期大国竞争，通过有针对性的战略规划，牵引国防部实施科技创新活动，寻求形成绝对领先的军事优势。一是加强顶层战略评估。要求成立国防战略委员会，负责审查即将出台的《国防战略》，包括战略目标、优先事项、投资布局、作战概念等，并对战略环境进行全面评估，如传统/非传统威胁、军队战备情况、战略和军事风险等，重点评估新版《国防战略》如何调动国家力量对抗均势对手，科技可能成为评估重点。二是扩充国防科技战略内容。授权法扩大了 2019 财年国会授权制定的科技战略的范围，要求建立识别和弥合关键能力差距的新机制，打通向工业界传递国防技术优先事项、向国防部决策者传达新兴技术潜在影响的新渠道，并阐明如何平衡国防部内部的研发投资，及如何与外部机构建

立伙伴关系。三是发挥科技在需求生成中的作用。联合需求监督委员会是军事需求的重要监督审核部门,授权法要求该委员会提高对全球发展趋势、新兴威胁和对手能力的认识,及时校正军事部门制定的军事能力需求,加强其对国防科技发展的牵引力度。此外,授权法还指定研究与工程副部长担任委员会首席技术顾问,负责协助评估军事能力需求可行性,并根据新兴技术机遇确定新的需求。四是推进新兴技术投资及威胁评估等方面活动。2022 财年授权法要求将国家情报总监纳入新兴技术和国家安全威胁指导委员会工作体系,以协助制定指导国防部组织变革、概念和能力开发及新兴技术投资的战略,评估新兴威胁及竞争对手在关键领域的投资和发展等。

(二)完善体制机制,推动释放更大创新效能

新授权法不断推进国防科研体制的适应性调整,通过机制创新提高国防科技创新效率、释放改革效能。一是加强商业技术引入。要求国防创新小组加强与全美各地区私营部门及社区的接触(2022 年将启动芝加哥办事处),加快现代化优先领域采用商业部门先进技术,并将先前未触及社区(如经济弱势社区)纳入合作范围。二是寻求改革创新技术采办方式。指示国防部建立"新兴技术采办实践试点计划""加快创新技术采办和应用试点计划",通过为高优先级技术制定特殊采办机制,为小企业或非传统承包商提供最高可达 5000 万美元的竞争性奖金等,加速创新技术从先期研发和原型设计向采办计划转化。三是改革资源配置流程。美军自 1961 年起就实施规划、计划、预算制度,后发展为规划、计划、预算与执行(PPBE)程序统筹美军资源。但近年来,PPBE 程序因其过程冗长、灵活性差、难以适应创新周期大幅缩短的需求而备受诟病。新财年授权法要求设立 PPBE 改革委员会,负责审查 PPBE 流程有效性,并提出改进建议或替代方案,以最大程度提高国防部响应威胁的速度和能力。这是新财年授权法中最具潜在影响的条款之一。

（三）聚焦新兴技术，加快关键领域形成能力

2022 财年授权法持续推进微电子、量子技术、生物技术、人工智能等战略优先领域建设，谋求发展先机。微电子，要求国防部通过竞争择优，在全美范围选择至少两家机构，推进国家微电子研发网络计划；国会还考虑通过特别立法，提供实施《美国芯片法案》所需资金。量子技术，要求国防部启动系列活动，通过 DARPA 设立资助计划，为公私部门提供资金，加速军民两用量子能力开发与部署；在国家科学技术委员会下设"量子信息科学经济与安全影响小组委员会"，负责跟踪和协调政府在量子信息科技研发方面的投资，分析影响、提供建议。生物技术，授权成立新兴生物技术国家安全委员会，负责审查美国新兴生物技术及相关领域发展情况，包括全球竞争力、投资布局、国际合作、人才队伍建设等，并就如何促进和保障美生物技术、生物制造等领域发展提出建议。人工智能，要求审查人工智能及数字技术在国防部平台、流程和作战中的潜在应用，制定性能指标，加速技术应用进程；实施数据库试点计划，建立包含国防部人工智能软件和技术开发相关数据的数据库，适当向公私部门开放，促进人工智能能力快速发展；调整联合共同基金会计划，降低商业领域人工智能公司与国防部机构的签约门槛，以支持快速高效的应用开发和功能部署。网络空间，要求国防部开展网络治理结构的评估与审查，完成网络空间测绘，确定网络人才需求，评估对手网络态势，强化美军网络司令部与私营部门之间的协同。高超声速，要求国防部清查主要靶场以及试验设施基地的高超声速设备和能力，提供评估改进报告。5G，要求启动电信基础设施部署试点计划，推动 5G 在军事设施上的应用部署。此外，授权法还要求研究与工

程副部长围绕定向能系统、高超声速、新兴生物技术、量子科学和网络空间能力等领域，对比分析中美技术开发和部署工作，并向国会提供系列报告。

（四）强化安全管理，打造自主可控供应链

供应链是科技成果转化应用的物质基础，新授权法要求采取多项举措强化国防供应链基础建设。一是加强供应链风险评估。要求对特定项目的需求进行评估，消除供应链漏洞；制定或修改相关政策，鼓励国防部长办公厅、各军种及国防后勤局对两用物品年度采购提出预测性需求，减少军民两用物品供应链预测性波动；绘制供应链全景图，评估主要终端产品的供应链风险。二是强化供应链风险管理。要求持续推进采办现代化，采用数字工具、技术和方法，确保关键决策者可获取国防工业基础相关数据。三是推进关键矿物质供应链建设。要求国防部与大学合作，开发从工业废物和制造业副产品中回收稀土的技术；与能源部合作，确保关键矿物质提取、加工和回收等技术可满足国防部需求。四是将敌对国家移出供应链。要求减少对朝鲜、中国、俄罗斯、伊朗等国服务、供应和材料的依赖；禁止在未获得国防部长豁免的情况下，从朝鲜、中国、俄罗斯和伊朗采购个人防护装备；加强从中国采购印制电路板的限制等。

（五）深化对外合作，加强科技创新广泛协同

授权法明确美国国防部和各军种应加强与学术界、工业界、美盟友/合作伙伴等的合作与协调。一是加强与高校合作。要求扩大大学合作计划涉及的技术领域，增加核科学、安全和防扩散，化学、生物、放射和核防御等，加快引进高校相关领域专业能力。二是加强对弱势地区的扶持。要求将国防部促进竞争性研究计划列入《美国法典》，突出其在法律上的地位。该计划旨在为基础研究经费不足、资源相对缺乏的州/地区注入科研资金，增强当地研究机构的科研能力和竞争力。三是加强对少数民族研究机构的资助。要求国防部设立促进少数民族研究机构开展国防研发活动的计划，为传统黑人学院和大学提供竞争性资金的计划，强化上述机构、大学与国防部的合作关系。四是加强与小企业的合作。通过简化合同签订要求、利用中介向小企业授出研发合同、降低网络安全成熟度模型认证对小企业影响、为小企业提供援助等，推动小企业深度参与国防科技创新。五是强化印太地区防务联盟。要求国防部加强与印太地区的科技合作，进一步提高中美战略竞争中的比较优势。例如，提升与日本在所有技术领域的互操作性，改善信息和情报共享方式；推进与菲律宾、泰国的联盟，合作审查中国在其战略技术部门和关键基础设施方面的投资等。

三、几点认识

国防科技是军事斗争的战略制高点。美国国防授权法在科技领域注重积累势能、塑造长远发展有利态势，通过逐步化"势"为"形"，使当前形势有利于己，持续巩固军事领先优势。纵观2022财年授权法，有两个方面值得重点关注。

一是进一步强化国防创新体系建设。创新体系是国防科技发展的力量源泉。2022财年授权法通过进一步加强国防科技顶层战略指导、加大全政府合力、广泛建立科技联盟、引入商业及国外创新力量等方式，强化内部聚力、外部联合，加速构建国防科技创新发展新高地。

二是进一步推进先进技术转化应用。加速先进科技成果转化形成新的作战能力是美国赢取大国竞争的关键立足点。2022财年授权法通过进一步释放政策改革红利、设立多类型试点计划、提升商业技术引入效率、强化技术与作战精准高效对接等方式，对国防科技成果转化应用做出指导和规范，推动作战能力的持续提升。

（军事科学院军事科学信息研究中心　蔡文蓉　魏俊峰）

美国国防部网络安全漏洞众测模式分析

美国国防部漏洞披露计划设立于2016年，旨在利用军内外白帽黑客①的专业知识和技能，发现军用网络安全漏洞。该计划创新了美国国防部网络安全漏洞披露模式，目前已成为美国国防部持续强化网络安全防御的重要手段，相关做法值得关注。

一、基本背景

网络域是重要的新兴作战域之一。美国国防部运营着世界上最大、最复杂的网络体系，随着大数据、物联网、人工智能等技术快速发展，军用网络面临的安全风险愈加突出。2018年10月，美国政府问责局首次发布《武器系统安全报告》，称大多数武器系统存在重大网络安全漏洞，一旦被攻击者利用，将使武器系统功能降级，降低杀伤链效能，引发严重后果。

为做好军用网络安全防护，2016年5月，美国国防部发起首次"黑掉

---

① 经官方许可攻击网络系统，进行安全漏洞排查的黑客。

国防部"漏洞赏金计划①，允许白帽黑客攻击美军开源网站以发现并消除安全漏洞。在为期24天的活动中，共有1400余名白帽黑客参与，披露有效漏洞138项，活动效果远超预期。受"黑掉国防部"漏洞赏金计划启发，美国国防部寻求可持续利用白帽黑客的途径，漏洞披露计划应运而生。该计划于2016年11月启动，允许白帽黑客随时披露国防部网站上的安全漏洞，由此开启国防部与白帽黑客社区之间的长期合作关系。2021年，美国国防部将漏洞披露计划披露范围扩展至国防部任意信息系统，实现"见疑即报"，表明国防部网络安全管理模式发生实质性转变，进入网络安全漏洞众测新时代。

二、计划概况

（一）多方联合实施，强化国防部网络安全

漏洞披露计划由国防部网络犯罪中心管理，并与国防数字服务处、联合部队总部－国防部信息网、"黑客一号"（HackerOne）等机构联合实施。其主要职能包括：为白帽黑客向国防部报告漏洞提供开放合法的渠道；加强国防部与外部安全研究人员合作，缩短从发现漏洞到修复之间的时间；通过合理的漏洞披露、众包测试和风险评估，促进全寿命周期的网络安全管理，落实《国家网络战略》关于"提高国家信息和信息系统安全性及弹性"的要求，为《国防战略》"建立一支更具杀伤力的部队"提供支撑。

---

① 漏洞赏金计划是一项限定时间（1~7周）、限定奖金额度（发现单个漏洞最高奖励1.5万美元）、白帽黑客参与的网络安全挑战赛，旨在通过白帽黑客攻击军用网络发现和消除安全漏洞。2016年起，美国国防部发起一系列针对公共网站/应用程序、供应链、武器信息系统及卫星系统的漏洞赏金计划，如黑掉国防部、黑掉空军、黑掉DARPA、黑掉卫星等。

（二）运作流程简洁，大幅提高漏洞披露效率

漏洞披露计划工作流程主要包括两部分：一是发现并披露漏洞。白帽黑客在"黑客一号"官网注册并提交漏洞报告，包括问题类型、存在缺陷的系统、漏洞的影响、建议的修复措施等。国防部研究人员可通过"黑客一号"网站直接与白帽黑客互动。二是处理及修复漏洞。该计划设计了内部工作流程，以及时对白帽黑客提交的漏洞进行分类、验证、采取修补措施。联合部队总部-国防部信息网负责对"黑客一号"报告的漏洞进行修复。此外，国防部开发了漏洞报告管理网络平台，用于跟踪并记录每个漏洞从披露到修复的详细过程。

（三）实施成效明显，进一步扩大应用范围

截至目前，全球超过 3200 名白帽黑客和安全研究人员参与漏洞披露计划，发现并披露漏洞 40000 余项，近 70% 的漏洞被认定为有效漏洞，且均是国防部先前未知的。2021 年 1 月，国防部漏洞披露计划范围正式从面向公众的网站扩展到所有可公开访问的国防信息系统、网络资产和数据；4 月，国防部启动为期 1 年的国防工业基础-漏洞披露试点计划，旨在将漏洞披露计划多年实践经验引入国防工业基础设施，以确保国防部供应链安全；2022 年 5 月，国防工业基础-漏洞披露试点计划宣告完成，41 家公司参与，288 名白帽黑客提供 1015 份漏洞报告，39.5% 的漏洞被认定有效，有效地缓解了小企业网络安全薄弱的状况，成为军地漏洞防御共享合作的典型范例。

三、几点认识

创新运营模式，强化军用网络安全。漏洞披露计划突破了传统仅依赖内部团队的测试模式，构建了科学有效的网络安全漏洞检测和风险感知机

制，为美军深度网络安全防御提供了额外保障。一是引入第三方专业漏洞披露平台并对其充分授权，为白帽黑客和国防部建立畅通、高效、透明的互动渠道，最大程度避免因缺乏渠道而导致的漏洞违法披露；二是从外部视角发现军用网络安全漏洞，响应速度快、发现问题多、覆盖范围广、测试成本低；三是为军方接触黑客社区多样化人才提供有力平台，可有效地夯实美军网络安全领域的人才储备。

强化政策保障，推动漏洞披露合法化。美国国防部在启动漏洞披露计划的同时，推出《漏洞披露政策》，规定了披露范围、披露流程、免责声明等内容，对未经授权的漏洞发现和披露行为进行规范，同时加大对白帽黑客漏洞发现和合法披露的保护。该政策是美国国防部和白帽黑客相互信任的重要基础和前提，是网络安全漏洞众测模式取得成功的关键推动因素。目前，美国国防部正在制定涵盖所有国防部信息系统的《漏洞披露政策》，更好保护其数据资产和关键信息基础设施。

及时修复漏洞，减少网络安全风险。该计划承诺在 1 个工作日内确认漏洞报告，且有效解放了国防部内部网络安全专家，使其可集中精力于漏洞修复，极大缩短了漏洞生命周期管理的漏洞确认时间（平均时间仅 7 小时）和修复时间。此外，白帽黑客只有在获得国防部明确书面同意的情况下，才能公开披露漏洞，避免了因披露不当和处置不及时危害到军用网络安全。

（军事科学院军事科学信息研究中心　蔡文蓉）

FULU

附　录

2021年国防科技管理领域大事记

1月

1月1日,法国设立航空航天战略研究中心(CESA),主要任务是负责确保内部与外部影响的协调一致性,通过青年活动、合作伙伴关系等,促进法国空天军与学术界和民间社会的紧密联系(特别是通过伙伴关系,与空天军和各大学院保持密切合作),促进航空航天技术创新,更好地支持航空航天部队的发展。

1月4日,美国智库建议制定联盟战略阻遏中国军力全球化。美国战略与预算评估中心发布《抓住弱点:与中国全球化军力竞争的联盟战略》报告,报告总结了中国在军事力量全球化方面暴露出的弱点,建议美国及其盟友制定联盟战略,以限制中国军力全球化发展态势。

1月6日,日本政府制定防止先进技术流向海外的措施。以中美对立为背景,美国正加紧寻求防止人工智能和量子计算机等先进技术外流的对策。日本政府调查了各国的制度,讨论制定日本独立的资格认证制度以保护机密和先进技术,打算创立类似美国"安全审查制度"的认证制度,以保证涉及防卫机密人员和先进技术人员的可信度。

1月7日，美国国防部发布《反小型无人机系统战略》，针对指数级增长的小型无人机系统对美国本土、盟国和海外应急行动地造成的威胁和危害，提出应对策略。战略提出建设统一的小型无人机威胁数据库，完善相关作战概念和训练标准，强化反小型无人机基础能力；通过军种间和国内外合作，研究制定通用/联合解决方案，全面构建联合反小型无人机能力。该战略将为美军反小型无人机能力建设提供顶层指导。

1月，美国陆军成立联合反小型无人机办公室。根据国防部《反小型无人机系统战略》，国防部指定美国陆军作为反小型无人机能力建设的执行部门，陆军随后成立了联合反小型无人机办公室，主要负责推进反小型无人机装备的快速发展，制定相应的作战概念、条令以及联合训练标准，加强与盟友及其他组织机构的合作，有效地推动反小型无人机系统的快速开发和部署，并提高互操作性。

1月8日，美国能源部发布《太空能源战略》，旨在进一步推动下一代太空探索能力。战略支持特朗普总统公布的《国家太空政策》，并呼吁美国能源部提供所需科学、技术和工程解决方案，为美国在太空领域重新发挥领导作用提供支持。

1月11日，美国海军作战部长发布《海军作战部长指导计划》，旨在落实美国海军部"海上三军"最新战略性文件《海上优势：以一体化全域海上军事力量制胜》，以海上控制和力量投送为核心，以加强战备、提升能力、扩大规模、强化人员训练为重点，指导美国海军军种作战力量未来10年的建设发展。

1月12日，美国白宫科学技术政策办公室宣布成立国家人工智能计划办公室，首任主任为白宫副首席技术官琳恩·帕克。该办公室将负责监督和实施《2020国家人工智能计划法》，协调政府、行业界及学术界的人工智能研究与政策制定，确保未来美国在人工智能领域的领导地位。

1月12日，美国政府问责局发布《国防部关键技术：应完成沟通、评估和监督保护工作的计划》报告，指出美国国防部应保护航空和空间系统、人工智能和生物技术等关键技术，以保持军事优势。美国国防部已开始编制对保持美国优势至关重要的采办项目、技术、制造能力和研究领域清单，但却尚未明确如何在内部和与其他机构沟通执行。该报告建议国防部具体说明对关键技术的沟通、评估和监督保护工作。

1月12日，美国总统国家安全事务助理公布《美国印太战略框架》部分解密内容。这是特朗普政府2018年针对印太地区制定的机密级战略文件，原定解密日期为2042年12月31日。框架重点阐述美在印太地区的基本战略方针，为落实2017年版《国家安全战略》中印太地区事项提供了总体战略指导。从公布的解密内容看，未来美在印太地区的战略重心是防范、遏制中国，甚至不惜动用军事力量与中国一战，针对中国的意图明显。

1月13日，美国陆军披露了2020年十大科技进展。这些技术是美国陆军研究实验室评选的2020年度最重要的十大科技成果，包括智能导航弹药、3D打印弹药、智能蜂群无人机、利用人工智能预测飞机故障、利用电刺激重组大脑活动、实时目标探测模型、可创建无线电网络的自主传感器、可实现最高5G频率接入的超薄射频开关等，将为未来陆军作战提供重要的支撑作用。

1月13日，牛津大学网络研究院发布了《产业化的虚假信息：2020年全球有组织的社交媒体操纵盘点》，研究结果声称，全球由政府、政党和公共关系公司参与的大规模虚假信息生产变得更加专业化、产业化。以社交媒体操纵和操纵识别为代表的计算宣传技术是一系列结合了大数据和人工智能技术等前沿技术的交叉集合，具体包括计算宣传态势感知、情感分析、心理分析、信息生成和信息投送等专项技术，每项技术都是当前研究的热点和难点。很多新兴公司参与了社交媒体操纵工具研发或提供操纵服务，直接或间接从事计算宣传技术研究和软件研发的科研机构和企业也会越来越多，操作技术和相应的软件工具也会随之快速发展，专业化研发和产业化格局将逐步形成。

1月14日，美国国防部向国会提交《2020财年工业能力评估》报告，认为国防部航天工业关键技术依赖外国来源，低成本进口补贴带来的竞争以及国家安全航天企业不稳定，将侵蚀美国太空能力和关键技能，并威胁到未来美国太空工业的发展。

1月15日，美国海军成立软件采办特别任务组，为"开发－安全－运行"软件的采办计划制定一个快速实施方案，以经济、快速、安全地交付该软件。特别任务组制定"权威路线图"，为美国海军实施"开发－安全－运行"软件计划提供指导。该路线图包括"开发－安全－运行"软件的基础架构、潜在的推广障碍，以及经济可行的实施方案。

1月15日，美国生物防御两党委员会发布《阿波罗生物防御计划：战胜生物威胁》报告，建议美国政府紧急实施"阿波罗生物防御计划"，制定《国家生物防御科技战略》，重点开发15项关键技术，每年投入100亿美元，力争在2030年前结束大流行病威胁，强化美国应对生物攻击的能力。

1月17日，俄罗斯成立了一个由9个研究中心和大学组成的联盟，以开发新一代核电技术，开展的项目包括开发核燃料循环设施、快速反应堆、未来能源技术新材料以及创新的核电站项目。该联盟将专注于开发第四代核反应堆和热核反应堆演示用新材料，扩大核电站物理过程建模所用实验数据的基础，以及开发和使用数字经济仪器。

附录

1月19日，日本政府召开第8次"综合创新战略推进会议"，公开了"关于推进量子技术创新"的会议文件。日本政府将以量子技术创新会议为中心，以《量子技术创新战略》为基础，建立量子技术创新协商会和量子情报通信技术论坛，形成量子技术生态系统，通过产学政合作，建设从基础研究到技术验证、知识产权管理以及人才培育的量子技术创新基地，以强化8个研发基地的合作，强力推动量子技术创新发展。

1月20日，美国政府组建国家安全团队。乔·拜登宣誓就任美国第46任总统后，随即聘请了一批世界级网络安全专家，并计划开设网络安全主任办公室，负责协调整个联邦政府的网络能力。从进攻性网络战争转移到降低经济风险和保护个人隐私上来，拜登政府将与盟友组成联盟，以改善网络安全环境，制定国际标准，并建立全球网络行为规范。

1月22日，联合国《禁止核武器条约》正式生效；至少50个国家批准该条约，但美国等核大国尚未签署该条约。《禁止核武器条约》要求所有批准国在任何情况下都不得发展、试验、生产、制造、获取、拥有或储存核武器及其他核爆炸装置；违禁止任何国家转让、使用核武器或核爆炸装置，以及威胁使用此类武器，并要求缔约国向其他国家推介该条约。

1月25日，美国总统拜登发布第14005号行政令"确保未来由美国工人在美国制造"，旨在加强政府在联邦合同签约中优先选择那些在国内进行采购的供应商，并要求联邦采购监管委员会在180天内提出新的实施条例，同时管理与预算办公室及总务管理局也要建立监督和报告机制，以确保符合《购买美国产品法》要求。

1月，美国国防科学委员会发布《推演、演习、建模与仿真》报告执行摘要。该报告评估了美国国防部"推演、演习、建模与仿真"（GEMS）工具的使用现状、相关技术和能力发展情况，提出改进建议，旨在充分利用推演、演习、建模与仿真工具在作战任务和行政工作中的潜力，更好地实现国家安全目标。

1月27日，美国、日本等开展多国演习。由美国牵头，日本、澳大利亚、印度和加拿大四国参与的"海龙2021"联盟空基反潜演习在关岛安德森空军基地结束。此次演习的内容包括250小时地面和课堂训练，以及125小时的飞行训练，此次演习演练了高端反潜战战术，增强了多国间的协同作战能力。

1月，美国海军部长、海军作战部长和海军陆战队司令联合签发《蓝色北极——北极战略蓝图》，提出了未来20年美国海军和海军陆战队在北极地区适航性提升背景下的行动大纲，强调协调美国海上力量与联合部队、跨部门伙伴以及盟友在北极的行动，提升一体化行动能力，以强大军事实力为后盾，构建美国主导的地区秩序，赢得北极地区的"大国竞争"。

1月，美国国防部发布《2020财年工业能力年度评估报告》。由国防部采办与保障副部长下属的工业政策办公室牵头撰写，评估了美国国防工业基础健康状况，分析了16个重点领域面临的风险，提出了21世纪国防工业战略目标，特别研究了新冠疫情对美国防工业基础的影响。该报告还提出了支撑实现21世纪国防工业战略目标的举措，包括完善组织体系、加大本土供应商投资、突出新兴领域安全可控、创新人才培养策略，将国防工业基础和供应链重新部署到美国和盟国，建设现代化制造工程人才队伍以及研发力量，推进私营部门创新能力与美军需求与资源的融合。

1月，美国国防部评估新兴关键技术领域供应链安全。从技术成熟度、劳动力、供应链、技术优势和基础设施5个方面，分析评估了高超声速、微电子、人工智能、量子科学、生物技术、5G等技术领域发展态势与产业基础面临的风险机遇，以及与相关国家的竞争力和差距。同时加强美国国防部与相关部门合作，对关键技术领域并购活动以及出口管制许可进行审查，确保关键技术安全可控。

1月，美国国防部实施工业技能人才队伍发展生态构建。国防部通过技能竞赛、快速项目支持、终身培训等方式，持续培养国防科技工业人才，扩大国防工业劳动力规模，提升劳动力能力水平，解决产业工人严重短缺问题，补齐科学、技术、工程与数学教育短板。另外，美国国防部提出加大云技术、数字孪生、机器人等新兴领域人才培养力度，抢占新兴技术发展先机。

1月，美国国防部合同管理局披露了《国防合同进度付款管理指南》相关内容。该指南规范了按进度付款时承包商必须提供的支撑材料等要求，避免合同管理人员频繁要求承包商补充材料而导致承包商无所适从的问题。指南进一步明确了美军按进度付款管理工作的要求，加强了相关工作的标准化，使承包商能更及时获得进度款，有助于缓解国防承包商特别是中小型承包商的资金压力，对维持国防供应链的稳定具有现实意义。

1月，法国启动量子技术国家战略，战略提出要保留量子技术人才，确保技术价值产业链的完整，并加大对科研人员工作环境的改造，加强对人员的专业培训力度，从各个维度为技术工作者提供创新资源。

2月

2月5日，日本与欧洲签署合作协议。日本宇宙航空研发机构与欧洲航天局签署了两份合作协议，双方将在宇宙航空研发机构的MMX火星卫星探测项目和欧洲航天局的"赫拉"小行星探测项目中向对方提供帮助。

2月5日，美国国防部发布《国防部5000系列采办政策改革手册》，明确了国防部采办改革政策思路和原则，确定了国防采办涉及到14个业务领域，包括工程管理、试验鉴定、备选方案分析、信息技术采办、网络安全管理、成本评估、知识产权管理、技术与项目保护、采办情报、人与系统集成、产品保障管理、关键项目信息管理、反情报保障、采办安全。

2月17日，美国第1特种部队司令部正在创建"信息战中心"，并将研发名为"影响力炮弹"（InfluenceArtillery）的"数字弹药"。信息战中心将设在布拉格堡军事基地，主要负责提升美军的网络空间战与心理战能力；将与特种作战司令部联合军事信息支持网络作战中心合作，在物理和网络空间中探测、观察全球敌对行动，并在几分钟内将信息推送给所需部队。

2月19日，美国空军空战司令部发布《空军多元化和包容性战略计划》，彻底改革其"组织文化和氛围"，以培养其"环境、计划、政策、流程和程序"的包容性，在吸引、招募、培养和评估军队人员和文职人员以及选择工作人员的方式中注重工作的多元化和包容性，增强其部队的多元化和包容性。

2月22日，欧盟委员会发布《促进民用、国防和航天工业协同发展的行动计划》，旨在加强军民协同创新，推动欧洲民用、国防和航天工业融合发展，增强欧盟技术优势，尽最大可能推动在国防领域中采用民用研究成果，鼓励发展军民两用。

2月24日，美国总统拜登签署了第14017号"美国供应链"行政令，要求开展不同层级的供应链审查评估工作，以识别供应链风险，解决薄弱环节，制定应对举措，加强美国供应链弹性。按照该行政令的要求，美国商务部、能源部、国防部、卫生与公众服务部分别对4类关键产品进行评审开展了为期100天的快速审查，形成百日审查报告。

2月，美国成立供应链专项工作组。美国政府成立了一个由10余个政府部门和机构组成的供应链专项工作组，政府官员与来自劳工组织、商业界、学术界、国会、盟国及合作伙伴的数百名利益相关者进行了磋商,确定脆弱性并制定解决方案。针对关键产品供应链,跨机构专家小组对材料到产品分销全流程进行了详细研究,提出了增强弹性的政策与措施。

2月23日,美国海军成立"对位压制工程"办公室。海军部研究、发展与采办代理助理部长和海军作战部副部长共同签署备忘录,成立"对位压制工程"办公室。该办公室拥有所有与作战网络相关的研发、采办和维护权限;同时负责统一规划战役和战术层面所需的数据、基础设施、工具和分析方法的发展,支撑分布式海上作战。

2月25日,美国空军研究实验室宣布,"金帐汗国"自主弹药蜂群项目完成第二次飞行试验,4枚合作型小直径炸弹同时命中4个不同的目标,标志着该项目取得重要进展,已经实现了从技术开发到成果演示验证的突破,项目将网络协作、自主等新技术植入,加快技术转化应用,推进装备能力升级,有望为美国空军提供新的目标打击手段。

2月27日,美国倡导零信任网络安全模型。零信任模型的核心理念是"永不信任,永远验证",即不断验证用户身份、用户授权及设备安全,认证后该模型才会授予对数据、应用程序、基础结构和网络的访问权限,其根本目的是了解和控制用户、流程和设备与数据的互动。国家安全局和微软已为国家安全系统、国防部、国防工业基础等关键网络和大型企业推荐了零信任安全模型,希望逐步推进该项目。

2月,欧盟委员会发布《民用、国防和航天工业协同行动计划》,旨在增强欧洲技术优势。该计划提出,以能力需求为导向,加强前瞻性研究;促进技术计划协调和设备设施共享;扶持中小企业、初创企业和研发机构进入市场;用技术路线图引导关键技术协同创新;推进军民标准一体化,支持新技术和两用技术研发;创新资助方式,促进非传统供应商参与颠覆性技术发展；启动欧盟无人机技术、天基安全通信系统、太空交通管理策略等重大研发项目。该计划有助于增强欧洲技术发展与战略自主。

2月，美国政府开展关键产品和重点行业供应链安全审查。拜登签署《美国供应链》行政令，要求政府相关机构以构建弹性、多元、安全供应链为宗旨，对半导体、大容量电池、关键矿物、药品四类产品供应链开展百日审查，摸清关键薄弱环节。

2月，美国空军先进作战管理系统完成第四轮作战试验。试验中先进作战管理系统连接美多军种、多域作战单元，首次纳入英国等盟国军事力量，构建成"高效杀伤网"，该杀伤网融合P-8A巡逻机的情报搜集能力、"星链"低轨星座的信息传输能力以及C-17运输机、KC-135加油机的作战支援能力，连接美国空军第603航空作战中心等指挥机构，支撑F-15战斗机发射"联合空地防区外导弹"成功击中目标。这将推动美军进入联合全域作战新阶段。

2月，英国国防部继续资助国防安全加速器项目，推动"虚拟机电长"舰船自主技术发展，旨在推动海军舰船以尽可能少的人机交互操作来执行"长航时任务"，并评估可提升"武装部队"科技优势的技术和路径。

3月

3月3日，美国总统拜登发布《重建美国的优势——国家安全临时战略指南》。该指南提出美国必须重建自身的持久优势，主要从五大领域恢复美核心竞争力，增强持久优势，维持创新优势，在研发、基础计算技术、先进制造、清洁能源等各领域加大投入，巩固科技基础，激发创新，促进就业；将网络安全视为重中之重，加强网络空间能力、战备性和弹性，从而在与中国或任何其他国家的战略竞争中获胜。

3月4日，美国国防部长公布国防部三大优先事项：一是保卫国家安全，包括战胜新冠疫情、将中国列为头号挑战、应对来自俄罗斯等国的持续性威胁、促进国防部创新和现代化、应对气候危机等；二是重视并保护人才，包括投资人才培训和教育、加强军队战备状态等；三是加强团队合作，包括与盟国联合应对跨国挑战、制定全国性国家安全政策、促进国防部内部团结和军民合作等。

3月8日，美国国防部研究与工程副部长办公室负责现代化建设的3名官员，在国防工业协会太平洋作战科技虚拟会议上讨论了量子科学、5G和定向能。国防部要采用原型样机和实验来开发量子科学、5G和定向能技术，商业供应商有机会与国防部合作，以推动前沿技术快速发展，推动定向能－激光系统转化应用到各军种。

3月18日，美国撤销中国电信企业在美运营授权。美国联邦通信委员会（FCC）近日表示，将撤销中国联通美洲公司、太平洋网络有限公司及其全资子公司ComNet在美国境内提供国内洲际和国际电信服务的运营授权。多家中国电信企业拥有在美国境内运营的数据中心，为避免潜在国家安全威胁，撤销或拒绝中国运营商在美运营授权是保护美国电信网络免受外国对手攻击的恰当方式。

3月19日，美国政府问责局发布《电磁频谱作战：国防部需要采取行动以确保优势》报告，报告介绍了全域作战中电磁频谱的应用，频谱优势面临的威胁和挑战，国防部未完全实施先前频谱战略的情况及原因，并提出5项建议。

3月26日，美国军事承包商再遭黑客攻击致数据被窃。美国军事承包商原型样机开发公司近日遭到Babuk勒索软件攻击。被窃信息包括合同（含保密协议及军事文件）、客户信息（姓名、信用卡）和员工信息（社会安全号码、地址、电话、医疗信息）等，包含该公司国防和航空航天行业相关数据，可能包括美国空军、海军和特种作战司令部开发的武器控制技术和辅助设备文件。

3月30日，日本与印度尼西亚在日本东京召开外交部长及国防部长"2+2"会议，并签署"防卫装备及技术出口协议"，此举确定了日本可向印度尼西亚出口舰船和飞机等装备，两国谋求加强在安全保障领域的合作，以牵制频繁开展海洋活动的中国。

3月，美国海军部长、海军作战部长、海军陆战队司令联合签发《无人作战框架》，系统阐述了海军和海军陆战队发展无人系统的愿景、目标、策略和途径，首次提出"以能力为中心"的无人系统发展思路，强调与工业界、学术界、盟友和合作伙伴协作，建立基础设施，快速和规模化集成无人系统；激励无人系统快速增量式研发和测试，全面、系统加速无人系统能力交付。

3月，英国发布国防安全与工业系列战略文件。英国政府发布名为《竞争时代的全球化英国》的安全、防务、科研、外交政策综合评估报告。同月，英国国防部发布《竞争时代的国防》和《国防与安全工业战略》。3份文件为英国未来5年的国家安全政策、对外政策、军力建设、工业能力发展提供指导，强调加强太空、网络、人工智能、无人系统、定向能武器等新兴技术投入，建立能够应对重大冲突、具备全球持久介入能力的部队，提升国防工业基础的竞争力、创新力、可持续发展力。

3月，美国印太司令部陆军反导部队首次举行协同模拟反导演习。演习以朝鲜向日本方向发射弹道导弹为设定场景，驻日美军在4地模拟构建高低搭配的反导拦截网，实施导弹探测、跟踪、拦截。本次演习将三岛链反导阵地连为一体，演练了跨地域、跨系统、大纵深协同反导作战能力，旨在增强印太地区一体化弹道导弹防御效能。

3月，美国空军举行"黑旗"演习探索多域数据集成。美国空军在内利斯空军基地举行"黑旗"演习，以联合全域指挥控制和"先进作战管理系统"的运用为重点，综合利用陆军、海军、空军、太空军、海军陆战队传感器和战术网等节点，探索了多域数据集成融合和杀伤网构建。此次演习验证了通过跨域网络和数据的集成融合，进行作战任务规划的能力，有助于美军推动联合全域作战概念和相关装备的发展。

3月，日本陆上自卫队组建新的电子战部队。该中队约80人，配备最新的车载网络电子战系统"，主要执行电子侦察以及对敌方指挥控制、通信网络的干扰任务。该电子战中队将联合日本海上自卫队两栖快速部署旅，提高包括中国钓鱼岛在内的西南群岛的防御能力。

3月，欧盟发布《地平线欧洲2021—2024年战略计划》，为欧盟第9期研发框架计划提供投资指南。该计划执行期为2021—2017年，总投资955亿欧元，遴选6大项目领域群，开展有针对性的研发与创新，以引领关键数字技术、使能技术和新兴技术及相关价值链的发展，增强欧盟的战略自主和全球竞争优势。

3月，欧盟发布《2030数字指南针：欧洲数字十年之路》纲要文件，继续探索"欧洲数字化十年"路线，将欧盟到2030年要实现的数字能力目标进行了具体化，涵盖数字化教育与人才建设、数字基础设施、企业数字化和公共服务数字化等4个方面，旨在发展公平、竞争和高效的欧洲数字经济生态，加速欧洲的数字化发展。

4月

4月1日，英国宣布正式成立太空司令部，由英国皇家海军、英国陆军、英国皇家空军、文职人员和商业机构人员组成，受一名两星军事指挥官的领导，其主要职能包括太空作战、太空人才的培养和发展、开发并实施太空装备项目等。该太空司令部的建立，是认知太空并实施太空作战，保护英国利益持续战略的"里程碑"式举措。

4月5日至7日，美国、法国、日本、澳大利亚、印度五国在东印度洋地区举行了"拉彼鲁兹"多边海上演习。五国进行了复杂且先进的海军作战演练，涉及水面作战、防空演习、武器射击演习、跨甲板飞行、战术演习以及海上补给等。

4月9日，美国工业与安全局将7个中国超级计算机机构列入"实体清单"。7家机构均与中国正在研发的世界首台E级超算相关，分别为天津飞腾信息技术有限公司、上海集成电路技术与产业促进中心、深圳市信维微电子有限公司、国家超级计算深圳中心、国家超级计算济南中心、国家超级计算无锡中心和国家超级计算郑州中心。美国商务部发表声明称，超级计算能力对现代武器和国家安全系统发展至关重要，商务部将充分利用其职权阻止中国利用美国技术进行破坏其稳定的行为。

4月13日，日本和德国采取电话会议的形式，召开首次外交部长及国防部长"2+2"会议，日本外务大臣茂木敏充、防卫大臣岸信夫，德国外交部长马斯、国防部长卡伦鲍尔出席会议。针对中国的海洋进出现状，两国确定未来将深化合作。德国决定在2021年夏季向印太地区派遣护卫舰，有望与日本海上自卫队举行联合训练。

4月16日，日本首相与美国总统在华盛顿进行了会谈。会谈围绕安全保障、供应链建设等主题，所有主题都涉及了军事、经济能力显著增长的中国，美国政府希望可以在强化以半导体为首的战略物资供应链方面，加大与日本的合作。此外，美国政府还希望建设不依赖中国的稀土供应链，日美或将发挥主导作用,与"自由主义阵营"伙伴国家合作,以获取安定的战略物资供应。

4月18日,日本政府开始通过政府发展援助(ODA)向菲律宾军队提供自卫队使用的救生系统。日本曾在2015年确定能通过政府发展援助以非军事目的协助他国军队,此次是首次通过政府发展援助向其他国家提供自卫队装备。

4月19日,美国陆军未来司令部"可靠定位、导航和授时/太空跨职能小组"批准"战术太空层"简要能力发展文件,旨在推动能力快速开发和部署,缩短"传感器到射手"的时间,助力美国陆军在"反介入/区域拒止"环境中实施多域作战。

4月19日至26日,美国海军首次在多作战域开展聚焦无人系统、有人－无人联合的舰队演习。由美国海军太平洋舰队领导并由其辖下第3舰队执行,目的是整合有人、无人作战力量,加快建设有人－无人联合舰队,维持和扩大海上优势。此次演习验证了不同作战场景下,无人机、无人水面艇、无人潜航器与有人舰艇的多域协同作战能力,可促进关键技术成熟、明确能力需求,为后续规模化快速列装创造条件。

4月20日,新美国安全中心发布《相信流程:国家技术战略的制定、实施、监测和评估》报告。报告分析了制定美国家技术战略的必要性、当前国家技术战略应包含的核心要素以及制定与实施国家技术战略的相关流程等。美国国家技术战略系列报告顺应美国当前将大国竞争视为国家安全焦点的战略态势,旨在赢得与中国的高科技战略竞争,维持先进技术优势,可能对美国相关政策产生重要影响。

4月21日,美国参议院外交关系委员会通过《2021年战略竞争法案》。该法案是两党共同制定的首个对华全面战略竞争提案,涵盖了政治、经济、军事、科技、联盟等诸多方面，旨在动员美国所有战略、经济和外交工具，要求国务院定期报告中国弹道导弹、高超声速飞行器、巡航导弹、核力量、太空力量、网络力量以及其他战略领域建设发展情况，对我实施系统性战略打压。

4月23日，欧洲防务局制订一项行动计划，用于推进识别、研发和应用新兴颠覆性技术。欧洲防务局认为，人工智能、大数据、量子、机器人、自主、新材料、区块链、高超声速、生物等新兴颠覆性技术将可能彻底改变未来的军事能力、战略和行动，欧盟需要进一步增加相关技术投资，加强北约、欧盟委员会与欧洲防务局之间的协作，促进军民协同创新。

4月19日至26日，美国海军开展"无人一体化作战问题-21"大规模演习。该演习由美国海军太平洋舰队领导，海军第三舰队执行，为美国海军提供作战环境，通过战术、技巧、程序、指挥控制来整合舰队，将测试各种有人平台与无人平台合作的协同作战能力，创造联合作战优势。

4月26日，美国海军陆战队司令发布《兵力设计2030》年度报告，阐述海军陆战队取得的进展以及将采取的措施。海军陆战队重点关注4个领域：①后勤和保障；②远程精确打击；③备用定位、导航与授时；④指挥、控制、通信、计算机、网络、情报、监视、侦察与瞄准。未来重点发展的能力包括在"竞争连续体"中的敏捷作战能力、海军一体化作战能力以及侦察和反侦察能力。

4月，英国政府通信总部领导的国家网络部队正式运作，成员来自英国政府通信总部、国防部、秘密情报局军情六处和国防科学技术实验室，主要目的是应对针对英国的国家安全威胁，打击恐怖主义、有组织犯罪和敌对国家活动。该部队汇集了情报和防御能力，致力于改变英国在网络空间与对手竞争的能力。

4月，美国海军加速推进舰载激光技术成果转化应用与武器实战部署。美国海军宣布将在驱逐舰上装备"光学眩目拦截器海军系统"。该系统是一种激光拦截系统，可致盲来袭目标的光电和红外传感器。现已完成3套系统列装，还有5套系统正在部署中。美国海军通过激光武器的研发和部署，发展低成本拦截手段，进一步提升舰队末端防护能力。

4月，美国海军建立软件工厂，聚合国防工业、小企业、政府和学术界的团队，通过快速的软件开发、认证、试验和部署、运维，在数月甚至数周时间里，解决水面战舰队此前需要数年解决的难题。

5月

5月4日，印度、英国公布《2030年路线图》。该路线图将两国关系提升为"全面战略伙伴关系"，双方将在研究、创新、技术和工业领域开展合作，以发展转型国防和安全能力；将通过一系列政府和企业级项目，扩大在国防技术方面的合作，重点将包括发展空战能力。

5月5日，美国国防部常务副部长签署"创建数据优势"备忘录，希望在联合全域作战、高级领导决策支持和商业分析等国防部数据战略重点领域，形成转型能力。该备忘录重申"数据是一项战略资产"，并提出了5条"国防部数据法令"：①最大化数据共享和数据使用权；②在国防部联合数据目录中，发布数据资产和通用接口规范；③使用外部可访问且机器可读的自动化数据接口，确保接口使用行业标准的非专有技术（最好是开源技术）、协议与有效负载；④以跨平台、不依赖硬件或软件环境的方式存储数据；⑤对静态、传输和使用中的数据进行安全身份验证，对数据进行访问管理、加密、监视和保护。

5月，韩国国防采办项目管理局推出新版《知识产权管理指南》及相关专利政策，以使政府研究机构、大学和企业等组织与国防发展局共享军事技术知识产权。新规则根据军事技术研发成本和风险，放宽对知识产权所有权的管理，允许私营企业持权10%～50%，剩余所有权由国防发展局持有，以鼓励更多私营企业参与国防研发。

5月6日，美国太空军发布《美国太空军数字化军种愿景》，阐述了建设数字化太空军的必要性，提出"数字化太空军愿景"及重点建设领域，推动"以数据为中心"的太空军转型。愿景提出创建自下而上的创新环境，培养数字化技术人才，培训创新技能，招募高技能专家，设立激励机制，将决策权尽可能下放至最低层级等措施，以加快数字化转型。

5月6日，美国网络司令部要求各军种网络学校启用网络训练环境平台（PCTE）。该平台为美军提供统一训练环境和真实威胁场景，缩短从规划到实施的培训时间，帮助创建战备性更强的网络部队。网络司令部已为各军事部门网络作战部队设定了培训标准，海军被选为防御性网络作战的联合课程负责方，陆军则代表网络司令部管理项目，空军也计划在未来课程中引入该平台，并与海军合作确定网络任务部队联合培训标准。

5月7日，美国陆军为全域作战创建人工智能开发工具包。美国陆军正与卡内基梅隆大学等伙伴合作，创建共享的人工智能开发工具包，其中包含可重复使用的算法、测试数据和开发工具。该工具包是一个"通用平台"或虚拟"工作台"，开发人员可利用其开发所需的人工智能工具，而无须从头开始构建。

5月10日，美国海军海上系统司令部发布《2021—2025年作战中心战略规划》，明确了作战中心的优先任务、战略目标和基本价值观，以扩大海军优势。①优先任务：提供战斗力、数字化转型、建立团队以竞争并取胜。②战略目标：发展人才队伍和领导力、"任务一致性战略"、追求技术创新与卓越、精进业务、建立正确的文化或价值观。③基本价值观：强调正直、团结、激励自主、努力做好服务工作，彼此尊重并培养信任感。

5月11日，美国陆军指挥、控制、通信、计算机、网络、情报、监视与侦察中心正在开发模块化开放标准套件，以取代传统的升级形式。传统的升级需要定制并安装升级系统，以确保该系统及其使能技术可与坦克上其他计算机化设备协同工作，采用即插即用的标准芯片可实现替换或更新功能，使装甲车队能快速使用最新技术对平台进行更新升级，从而保持竞争优势，降低成本。

5月12日，美国总统拜登签署了"加强国家网络安全的行政命令"，以加强网络安全和保护联邦政府网络。该行政命令包含9个主要部分：政府与私营部门合作、加大网络安全方面投资和政府网络安全政策；移除威胁信息共享障碍；联邦政府网络安全现代化；增强软件供应链安全；成立"网络安全审查委员会"；联邦政府网络安全漏洞和事件应急响应标准化；加强联邦政府网络安全漏洞检测能力；加强联邦政府网络安全事件调查和修复能力；国家安全系统采用不低于该命令中规定的网络安全要求。

5月21日，韩国国防采办项目管理局宣布成立国防技术规划与促进研究所。韩国国防采办项目管理局宣布成立该机构，旨在促进国防技术规划和管理体系现代化，加强国防工业基础，提高军用技术国际竞争力，并支持国防工业的海外拓展。该研究所工作重点是，通过防务合同补偿机制提升中小企业零部件和材料的供应能力，促进业务和规模扩张，提升竞争力，推动国防工业能力发展。该研究所的前身是隶属于国防采办项目管理局的国防技术品质院，主要负责军事装备和国防生产活动的质量管理。

5月26日，美国陆军建立12支远征网络和电磁频谱部队，以帮助指挥官规划网络作战，并与部署的部队协调执行任务。目前，陆军已建立了第一个网络战营,将参加夏季举办的"太平洋卫士2021"军演。陆军网络司令部将根据所需支援的地区进行能力调整,以满足不同需求。

5月26日,美国国防部发布了《国防部本土外云战略》,提出在本土外推进云创新,将本土云计算能力向全球部署扩展,为处于战术边缘的作战力量提供直接的信息支持,实现全域主导优势;推进战场通信基础设施现代化,确保数据传输的快速、安全和弹性;按需部署云技术与研发人才。为构建有效的本土外云能力,美国国防部必须启动本土外人才培养和部署,包括军事、民用人才及承包商,以最大限度利用新技术,提升面向未来的研发能力。

5月27日,英国国防部发布《国防部数字战略》,提出建立数据基础,制定数据标准、数据治理框架,构建权威数据源;优化和协调国防数字化建设,包括建立通用的数字工具和方法,以及加强与其他政府部门和国际联盟等合作;加快数据开发,采取低成本高效率方式,提供改变未来作战的数据分析技术、数据科学、人工智能等能力,为国防部数字化建设提供战略指导,加速向数据赋能的组织转型。

5月,美国国防部长签署《联合全域指挥控制战略》。"联合全域指挥控制"概念旨在实现陆、海、空、天、网各作战域安全、快速、跨军种数据共享。该战略重点关注数据、人才、技术、核指控等问题,强调持续快速集成人工智能、机器学习、预测分析和其他新兴技术,要求通过联合全域指挥控制实验破除供应商专有技术壁垒,提出了联合全域指挥控制工作路线图及实现方法。该战略将进一步推动美军"联合全域作战"概念落地实施。

5月,太平洋威慑计划提出建设大规模多域联合靶场。美国国防部在2022财年国防预算申请中提出,在"太平洋威慑计划"下启动太平洋多域训练和实验能力计划。该计划将利用人工智能和 5G 技术,把美、澳、日、韩等 11 个国家在太平洋地区已有的 33 个试验靶场和军事基地连接起来,形成覆盖半个地球的多域联合靶场。该靶场集试验、训练、作战功能于一体,提供虚拟现实训练及远程作战演练环境,支持美军在太平洋地区开展多国、多域联合作战训练和试验。该靶场的建设将加强美军在各作战域的战备能力,提高美军与盟友的协同作战能力,支撑新型作战概念验证,实现"靶场即战场"。

5 月,美国国防部发布 5000.92 指示《保障装备战备完好性的创新与技术》,要求国防部各部门在保障领域采取创新方法和技术,协调一致推动创新和应用,确保装备在寿命周期内具有较高的战备完好性,提高相关工业基础的能力。该指示规范了国防部相关部门在保障领域科技创新的职能和任务,并授权负责保障的助理国防部长建立一个高级别委员会来监督、审查和引导保障创新的实施;该指示还以"最佳实践"的方式提出了制定保障创新效果评价标准、跨军兵种实现保障信息共享、组织保障领域会议和研讨会等 12 条保障创新实施建议。

5 月,英国国防部提出强化装备建设与保障战略。英国国防部装备与保障局发布《2025 战略》,提出装备建设与保障的 3 项重点任务:①简化审批流程,缩短合同签订周期,加速装备采办进程,到 2023 年实现审批周期平均减少至 1~3 个月;②与供应商合作弥补供应链漏洞,发展关键能力,提升供应链弹性、安全性、多样性,到 2025 年从根本上解决因供应链导致的装备交付问题;③推进装备数字化试验鉴定,提升业务流程自动化水平,提高管理信息和数据质量,到 2025 年实现自动化流程超过 200 个、应用程序与电子表格减少 20%、可信数据集达到 6000 个。

5 月,德国宇航中心成立新的量子技术研究所,旨在开发基于量子力学效应的先进技术，并将与业界开展合作，致力于逐步提高技术原型样机成熟度并投入使用。新成立的量子技术研究所可为科研人员提供理想的研究环境，为新创新奠定基础，并将这些创新通过技术转让进入工业领域，填补基础研究和应用之间的空白。

5月，英国国防装备与保障部与陆军合作设立了远征机器人专家中心，旨在汇聚来自英国国防部、政府、学术界及工业界的机器人技术与自主系统专家，在与英国国防装备与保障部的战略保持一致的基础上，通过人员、技术以及创新来获得一定的优势，并最终发展为英国国防部远征机器人技术的中央咨询中心。

5月，欧盟同意美国、加拿大、挪威参与欧洲防务合作项目，首度将"永久框架合作防务协议"（PESCO）下的军事机动性项目开放给非欧盟成员国，以进一步加强欧盟与北约的防务合作，并使军事人员和资产在欧盟边界内不受阻碍地流动。

5月，美国国防部修订5000.04手册《成本与软件数据报告》，进一步规范了软件成本数据收集的程序和软件成本数据上报机制。国防部要求各军种成本分析评估相关机构均应将其开发或资助的软件项目成本报告与数据上传至成本评估办公室数据库。同时，要求各军种利用承包商上报的软件成本数据，对软件成本的测算结果进行每年一次的更新和迭代。

5月，美军发布《太空军数字化愿景》，提出美太空军数字化转型的目标是建设成为一支互联化、创新化、数字化主导的部队。实施数字工程，加速实现整个能力开发生命周期（从概念到部署，再到作战和后勤保障）的现代化，采用大数据手段，利用基于模型的系统工程技术及建模与仿真框架，实现从作战人员到开发人员所有需求管理。应建立数字孪生，实现任务相关所有要素的链接协作，无缝转化至作战和后勤保障。

5月，美国国防部成立"创新指导组"，由国防部研究与工程副部长担任组长，负责就科学、技术、技术转化等领域重大事项，向国防部长提供决策建议。

6月

6月8日，美国会参议院通过了《2021年美国创新与竞争法案》。该法案由7个子法案构成，其中《2021年战略竞争法案》《2021年应对中国挑战法案》《2021年贸易法案》3个子法案明确以中国为对手，提出在内政、外交、科技、经贸、军事、意识形态等领域综合施策，联合盟友在全球范围内对中国政府、企业等加以全面遏制。《无尽前沿法案》《确保美国未来法案》《芯片与5G无线接入网紧急拨款法案》《杂项》4个子法案针对中国的意图明显，要求着力提升科技、国土安全、教育等重点领域和半导体、5G网络等关键行业的能力，重塑和巩固美国战略优势。该法案表明，美国会两党对我实施战略竞争的共识更加深入具体，反映了美对我遏制和打压措施的全面性、系统性，对我国家安全和发展构成严峻而紧迫的挑战。

6月9日，美国国防部长基于国防部"中国工作组"的建议，发布一项国防部"内部指令"，要求国防部采取统一行动，更好应对"中国作为美国头号挑战"构成的安全威胁。2月10日，国防部长成立国防部中国工作组，负责评估与中国相关的战略、作战概念、技术、兵力结构和态势、情报、联盟等议题，为国防部长提供建议。内部指令要求制定针对中国的教育培训计划，确保国防部人才队伍的竞争优势，保障国防部更好地落实将应对中国作为优先事项的目标；加强与盟友及伙伴的合作，针对中国联合开展更多演习；要求国防部长直接监督联合试验和原型设计工作，以加速联合作战概念演进；要求国防部长直接监督国防部与中国有关的政策、行动和情报。

6月17日，美国智库报告建议创建科技机构与中国竞争。美国信息技术与创新基金会（ITIF）发布报告称，先前通过的美国《创新与竞争法》只是与中国竞争的第一步，美国需要创建专门致力于实施国家先进工业和技术战略的新机构，负责先进工业、新兴技术、创新系统和相关协调工作，并确保其使命明确、资源充足，以加强先进技术产业的竞争地位。

6月18日，美国联邦通信委员会（FCC）通过了一项禁令，禁止华为等被视为美国家安全威胁的中国公司所生产的电信和监控设备进入美国电信网络。据报道，被美国列入禁令的5家中企包括涉足通信设备的华为和中兴通讯、涉足监控摄像头的海康威视和大华技术，以及涉足无线通信设备的海能达通信。联邦通信委员会声称，可能会撤销此前对这5家中企设备的授权。

6月21日，美国国防部常务副部长签发《面向作战人员加速数据和人工智能》备忘录，次日在国防部人工智能研讨会和技术交流会上，宣布启动"人工智能和数据加速计划"。该计划旨在通过作战司令部的试验和演习，发展人工智能和数据能力，建立"作战数据小组"，改进联合作战司令部的数据管理。利用"作战数据小组""人工智能专家小组"以及作战司令部实验与演习活动中收集的信息，了解人工智能在国防部和联合部队中快速大规模应用的障碍和挑战，进行网络升级、架构升级等网络基础设施更新，修订相关政策，确保全球作战能力的可靠性和效能。

6月21日至25日，美国空军研究实验室举办高功率电磁武器兵棋推演活动。美国空军研究实验室在空军科特兰基地进行了第二次兵棋推演、建模和仿真活动。此次活动是最新的定向能效用概念实验，侧重于使用高功率电磁武器增强综合防空能力，旨在协助作战人员管理复杂的战场。

6月25日，美国网络司令部宣布成功举行"网络旗帜21-2"演习，测试了"防御性"网络行动技术,评估了美国网络部队先进防御措施,推动了美军网络演习全球化发展。"网络旗帜"演习通常被称为美国网络安全蓝队训练,是美网络司令部最重要的年度网络演习之一,旨在强化网络防御作战能力,深化网络安全领域盟国合作。

6月25日,美参谋长联席会议副主席约翰·海滕签署了针对联合战争概念4个领域(对抗性后勤、联合全域指挥控制、联合火力和信息优势)的4项战略指令,明确了美各军种联合能力需求,迈出落实联合战争概念的第一步。

6月26日,美驻日海军与海军陆战队进行联合夺岛演练。美国海军第11两栖中队和第31海军陆战队远征部队于冲绳附近进行联合夺岛演练,旨在创新夺岛战术,增强海军和海军陆战队之间的协同作战能力。期间,两栖舰提供情报监视与侦察、电子攻击和空中支援,陆战队员进行抢滩登陆、构建火力点、防守反击等。

6月,美国海军陆战队建立兵棋推演和分析中心。美国海军陆战队将在弗吉尼亚州海军陆战队匡蒂科基地,建立一个先进的数字化兵棋推演和分析中心,以更好地可视化和模拟不同的作战环境。该中心将采用BAE系统公司(主承包商)的"先锋"原型,通过集成多个系统,实现跨陆、海、空、太空和网络等各个领域的兵棋推演;利用人工智能和机器学习技术构建沉浸式环境,以提供竞争和信息优势。

6月30日至7月3日,日、美、澳、韩举行4国海军训练。日本海上自卫队与美国、澳大利亚、韩国海军在澳大利亚东部海域举行海军共同训练。此次训练旨在提升海军作战战术技能,为实现"自由且开放的印太"加强4国海军合作,训练内容包括海军电子战训练、战术机动、通信训练等。

6月,美国政府发布关键产品供应链百日审查报告。美国白宫网站发布建立弹性供应链，振兴美国制造业，促进广泛增长——百日供应链审查报告。该报告披露了半导体制造与先进封装、大容量电池、关键矿物与材料、药品和原料等4类产品的供应链审查结果，分析了造成该产品供应链脆弱性的原因，提出了建议和应对措施，旨在加强供应链弹性，建立关键产品的国内制造能力。加强立法和投资，优化美国生产和创新生态体系，为相关行业和中小企业提供资金或贷款。成立新的跨部门国防生产法案行动小组，促进工业界与政府部门的合作。

6月，北约峰会将中国定为系统性挑战。北约各成员国政府首脑在布鲁塞尔举行峰会，讨论北约在新战略环境下的作用，以及新兴技术、集体防御、成员国国防开支、与北约外部国家合作等议题。峰会通过北约2030倡议，明确未来10年北约发展方向，强调北约要加强内部政治磋商、巩固技术优势、提升伙伴国能力。峰会宣称中国影响力的提升是北约"必须集体应对的系统性挑战"，要求强化与澳大利亚、日本、新西兰、韩国等印太伙伴国的务实合作。

6月，日本防卫省取消国防开支上限。日本防卫大臣岸信夫表示，国防预算安排应以军力发展需求为导向，而非由预算金额限制军力发展。因此，日本政府将不再对国防预算设置任何上限。此举彻底废除了1976年日本内阁关于国防预算不得超过国内生产总值1%的规定，顺应了《2019—2023年中期防卫力量整备计划》提出的为应对快速变化的安全环境，日本必须以前所未有的速度强化防卫能力，为未来日本的军事能力建设进一步松绑。

6月，美国国防部采办与保障副部长办公室发布《2020年采办与保障年度报告》，总结评估了2020年美军采办与保障整体工作，着眼为美国国防提供安全可靠的作战能力，强调进一步降低装备成本，提高装备供给效能，加快新技术转化应用，确保国防工业基础和军事设施安全可靠，加强采办队伍建设，强化与盟国合作。这是该办公室成立以来发布的首份年度报告，既是对其工作的全面总结，更是对未来采办改革目标的宣示。

6月，美国国防部发布5000.93指示《在国防部应用增材制造》。指示明确了国防部相关机构的职能、流程及工作要求，提出加强增材制造相关技术开发，全面推进增材制造在装备研制、维修、保障中的应用和发展，将增材制造纳入数字工程相关政策，通过增材制造推动装备供应链能力提升和维修保障模式变革。指示要求推动建立更敏捷、更灵活、更富弹性的国防工业基础，保障作战部队更快速、更低价获得所需武器装备。

6月，美国空军部宣布成立常设的数字化转型办公室。该办公室隶属空军装备司令部，统管空军和太空军的数字工程转型工作，通过创立数字工程研发与推广中心、扩建高速网络、建设跨军种协同机制等，为装备采办部门提供研制、生产、部署、保障的全寿期管理支持，引导规划、在研、新上项目的数字化转型。数字化转型办公室将落实国防部数字工程战略，制度化、规范化推进空军和太空军数字化转型工作，支撑实现数字军种愿景。

6月，美国海军陆战队举办创新路径研讨会，探讨技术对战术和战略的影响。"认知突袭者"创新路径第三次研讨会，重点讨论在大国竞争背景下，人工智能、先进制造、生物科技、量子计算、5G、航天等前沿技术如何改变战术和战略现状。

7月

7月2日，俄罗斯总统普京签发新版《国家安全战略》。该战略提出保障国家安全领域的9个优先方向，并详细阐述了各方向的目标与任务：保护俄罗斯人民、国家防御、社会公共安全、信息安全、经济安全、科技发展、生态安全与自然资源合理利用、保护俄罗斯传统精神道德价值观及文化和历史记忆、战略稳定与互利的国际合作。该战略首次明确提出要发展与中国的全面伙伴关系和战略协作，以及发展与印度的特惠战略伙伴关系。

7月2日，欧盟委员会提议成立联合网络部门以应对网络攻击。此举旨在通过汇集欧盟及各成员国相关资源和能力，共同应对大规模网络攻击。联合网络部门由欧盟网络安全局负责具体运营，其成员由欧盟成员国、欧洲刑警组织以及欧盟对外行动署等机构组成。欧盟委员会建议为该机构开发对抗网络攻击的共享平台，用于成员国共享资源，网络专家也将在该平台上制定并发布应对威胁计划，定期联合开展危机应对训练。

7月7日，日本政府批准新版《网络安全战略》草案。首次将中国、俄罗斯、朝鲜视为"发起网络攻击的嫌疑国"，明确了与美国、澳大利亚、印度等国合作应对的方针。主要措施包括：①确保网络空间自由、公正且安全，将通过参与联合国活动等推动网络空间领域的法治，形成符合日本基本理念的国际规则；②加强日本的防御力、抑制力以及掌控力，强化防卫省与自卫队的网络相关部队体制，保障重要技术、产业等的安全，加强日美合作；③进行国际合作，强化日本政府跨部门以及与国际合作的多层次架构。该战略适用期为3年。

7月9日，北大西洋公约组织发布《北约顶层作战概念》，详细描述了北约盟国如何发展军事力量，以在未来20年内保持竞争优势；概述了北约目前和未来面临的威胁，盟国打赢战争所需的军事措施，以及实现战争任务目标的现实路径。设计未来的军事力量工具：预测威胁了解战略环境；通过诚信、人才和文化追求卓越；通过在领域内和跨域环境下果断行动打赢战争；通过识别风险抓住机会超越对手；通过建立互操作性塑造伙伴关系；在竞争和冲突中保持持久优势。

附录

7月9日，英国国防部发布更新版《陆军数字化：THEIA》文件，承诺在未来2年内建立一个权威机构、采用敏捷采办方法、发展数字化技能和文化，以支持陆军正在进行的6个数字转型项目：①数字资产；②业务信息整合和利用；③装备信息利用；④数字技能基础；⑤野战部队数字化；⑥数字陆军流程。该文件指导英国使用数字信息和技术提高作战效率，改善业务管理，以及与工业界、合作伙伴和盟友的合作，促使陆军在一个持续竞争的时代实现转型。

7月13日，日本防卫省公布新版《防卫白皮书》，介绍了日本防卫工作和周边安全环境，概述了美、中、朝、俄的总体情况，再次强调了太空、网络、电磁领域的重要性。将日本的防卫体制、日美同盟、安全保障合作视为日本的"防卫三支柱"，今后日本将继续对国土周边实施常态持续监视、应对各个领域的攻击，加强日美同盟以及"自由开放的印太"等安保合作。此外，巩固并提高自卫队人力基础和技术基础，优化装备采购，强化产业基础韧性、防卫装备与技术的国际合作，保持并加强自卫队训练与军事演习等。

7月13日，美、日、澳、印四国联盟将在人工智能等先进技术领域开展合作。美、日、澳、印四国联盟以线上会议形式召开科学技术部长级会议，研讨在人工智能、半导体等领域的合作事宜，旨在由四国联盟主导国际研究开发竞争与规则制定，以对抗日渐强大的中国。会议议题涉及人工智能与量子技术等领域的研究合作、专业人才的培育与交流、制定包括伦理问题在内的国际规则、半导体的稳定供给、下一代通信机器的普及、防止机密情报泄露等。

7月8日至28日，美国空军开展第五次"架构演示与评估"演习。美国空军首席架构师办公室开展第五次"架构演示与评估"（ADE5）演习，寻求为国防部建立可获取决策优势的综合任务架构。演习内容包括：在战略、作战和战术层面上应用人工智能软件，获取决策优势；运用商业网络技术和商业通信路径，为太平洋空军部队优化带宽、连接稳定性和网络弹性；利用商业界和政府的边缘计算和存储能力，帮助部队在分布式作战中登录任务应用程序；将移动设备作为计算平台，运行机密级别的应用程序；集成自动数据输入转换和威胁跟踪一体化能力。

7月13日，德国国防部长宣布成立太空司令部，主要负责航天侦察、监测与保护卫星及追踪危险碎片，提升德国太空侦察、监测、态势感知和综合能力。自2009年以来，德国空军一直利用航空航天中心监控太空资产，指挥卫星机动，并向商业卫星运营商推荐规避路线。

7月14日，美参众两院多位议员提出旨在确保美国关键研究免受中国、俄罗斯等国家威胁的法案，将识别有价值的国际伙伴关系，刺激技术创新。具体要求包括：国务卿在与科技政策办公室主任、国家安全委员会主任、能源部长、科学基金会主任和其他相关机构负责人协商后制定盟国名单，与这些盟国进行联合国际研究与合作将促进美国家利益，以及美国《创新与竞争法案》所确定的关键技术的发展；各机构应按上述名单进行合作，制定符合《创新与竞争法案》的安全政策和程序，防止敏感的政府、学术和私营研究内容泄露给对手；国务院需在一年内向国会提交可参与合作的国际研发企业名单。

7月16日，美国政府通过司法奖励计划征集黑客线索。美国国务院宣布，其司法奖励计划将对提供有关外国黑客针对美国关键基础设施进行恶意网络活动的信息实施奖励，旨在征集在外国政府指示或控制下行事、以美国关键基础设施为目标进行勒索软件攻击的黑客信息和相关线索，确保以安全方式接收信息，并保护潜在消息来源安全。

7月20日，美国空军研究实验室发布《定向能未来2060》报告，预测40年后的定向能武器和应用状况，分析了美国在定向能领域可能领先或落后于对手的情况。报告认为，发展定向能技术将由3个紧迫的军事需求驱动：①信息优势作战需要控制电磁频谱，在冲突中需要电磁战或定向能武器获得电磁频谱优势；②作为综合分层防御的一部分，在更大范围内能够更快、更有效地投送军事力量；③可在所有领域和冲突阶段发挥灵活性、可扩展性和精确性，可完成特种作战及天基等任务。报告预测，未来高空或天基定向能系统将作为分层防御系统的一部分，提供"导弹防御伞"。

7月21日，美国空军推进先进战斗管理系统技术演示验证与转化应用。美国空军与凯米塔公司签署价值9.5亿美元的技术演示与成熟合同，以进一步发展"先进战斗管理系统"。该合同涉及"成熟、演示、跨平台和跨域的能力扩散，开放系统设计、现代软件和算法开发"，以实现先进战斗管理系统技术目标，最终成果将用于"联合全域指挥控制"能力。

7月22日，美国国防关键供应链工作组发布报告。提出6项立法建议，旨在解决美国国防供应链因依赖外国（尤其是中国）而产生的关键风险。①将供应链安全视为国防战略优先事项，制定风险评估战略和体系，持续监测、评估和降低国防供应链风险；②利用商业化工具绘制国防供应链地图，充分掌握供应链漏洞信息；③确定来自敌对国家最终产品的供应商和原材料，实施具体计划以减少依赖；④建立联合工业界、教育界及其他团体组织的联盟，专注于制造业领域和相关领域的教育与培训；⑤利用国家技术与工业基础倡议制定政策、加强与盟友的伙伴关系；⑥通过寻求合作、开发替代品、与能源部和内政部保持协作等，确保稀土供应链安全，最大限度降低对中国的依赖。

7月22日，美国北方司令部举行第三次"全球信息优势实验"，展示为跨域作战指挥协作、评估与决策而设计的软件如何实现高效全球后勤协调、情报共享与行动规划，利用现有技术为高层领导人提供前瞻性选择。实验分为3个阶段，第一阶段关注高成本效益的数据解决方案，第二阶段评估竞争后勤与一体化全球合作的能力，第三阶段展示国防部联合人工智能中心用于冲突防御的匹配能力。

7月23日，美国国防部研究与工程副部长发布《国防部2021—2025财年STEM（科学、技术、工程、数学）战略计划》，旨在获得未来科学技术人才竞争优势，以应对不断变化的全球技术格局。计划提出主要目标：①鼓励社区参与国防部STEM教育计划和活动，为学生和教育工作者提供STEM学习机会；②通过多种教育和职业机会，吸引STEM劳动力；③提高被忽视群体对STEM教育、劳动力发展计划、活动和宣传的参与度；④通过评价和评估，提高STEM教育、劳动力发展计划、活动和宣传的效率和效果。为达成目标，国防部还将发布STEM实施计划，以提供实现国防部STEM任务、愿景、目标的具体步骤。

7月24日，以色列推动国防军数字转型。为提高战场优势，以色列推动国防军数字转型，在此前的加沙冲突中，以色列官员声称打了首场"人工智能战争"。通过融合包括视觉和信号情报在内的信息，将数据和人工智能技术转化为战场优势，杀伤力可能会提升10~100倍。

7月28日，美国白宫发布改善关键基础设施控制系统网络安全的备忘录。备忘录指出美国最重大且日益严重的问题之一，是用于控制和运营关键基础设施的系统面临网络安全威胁。美国政府政策是保护美国的重要基础设施，尤其关注向国家关键职能提供支持的系统网络安全与弹性。联邦政府将与工业界合作，共享相关威胁信息；为所有关键基础设施部门建立一致的网络安全基准，对依赖于控制系统的关键基础设施进行安全控制等。

7月28日，美国总统拜登签发《关于改善关键基础设施控制系统网络安全的国家安全备忘录》。该文件倡议联邦机构和关键基础设施运营者之间，在自愿基础上加强沟通协作，通过积极部署工控网络监控系统、共享工控系统威胁信息、制定推行更高标准的关键基础设施网络安全绩效目标，进一步推动美国网络防御的现代化。

7月29日，美国国防部制定增材制造政策。美国国防部制定增材制造实施计划、扩大与各军种和部门间的合作，帮助作战人员保持技术优势。将增材制造纳入国防部与工商业基础；在国防部和联邦机构中调整、促进和推动增材制造活动；与工业界和学术界合作，促进美国在增材制造和其他领域的全球制造竞争力；通过高质量的培训、分享最佳实践，扩大国防部劳动力的熟练程度；确保国防部的增材制造工作流程以及供应链的网络安全。

7月29日，美国空军扩大"先进战斗管理系统"实验活动。为加快软件能力应用，满足对人工智能工具、数据标准化与集成等现代化需求，美国空军正在扩大"先进战斗管理系统"的实验活动。投资发展新的作战概念，包括商业卫星集成、下一代"先进战斗管理系统"能力、"火箭货运先锋计划"和"敏捷战斗运用后勤和弹性计划"，实现综合决策优势与敏捷/分布式作战；重点关注人工智能应用，投资数据基础设施建设，支持人工智能与数据加速计划；使用现有或新的采办工具，支持战场用户加速测试硬件和软件等能力。

7月30日，美国国家科学基金会新增11个人工智能研究机构。美国国家科学基金会将投资2.2亿美元，建立11个新的国家人工智能研究所，在多领域推进人工智能技术。该项目将与国土安全部、谷歌、亚马逊、英特尔和埃森哲等公司合作进行，重点推进人机交互与协作、人工智能优化、人工智能与先进网络基础设施、计算机与网络系统中的人工智能、动态系统中的人工智能、人工智能增强学习、人工智能农业系统创新。

7月30日，英国国防部启用太空司令部。英国国防部发表声明，宣布启用"英国太空司令部"。该司令部将管辖英国太空作战中心、"天网"军事通信中心等，并监督英国的太空作战、太空劳动力培养以及太空能力交付等工作，以提升英国的太空作战优势。

7月初，北约官方网站发布《北约作战顶层概念》概要。该概念基于北约当前和未来面临的挑战，提出了未来20年的军事力量发展愿景，明确了军事力量设计目标、作战能力发展方向以及实现途径，为北约盟国如何发展军事力量、确保军事优势提供指引。

7月，美国空军与盟国正在进行"北极交战""蓝色计划"兵棋推演，了解竞争的性质和各自解决问题的能力水平，以在北极对抗俄罗斯和中国，研究竞争对手如何利用北极损害美国及盟国利益。与北极战略相关的兵棋推演包括"北极交战""蓝色计划""全球交战"和"未来游戏"，将用于测试、验证新概念和技术，了解北极情况，探索新的作战方法，提高北极地区的态势感知和威慑能力。

7月，日本防卫省将开展首个5G智能基地实验。日本防卫省正着手准备进行首个5G智能基地的实验，期限为2年，地点位于北海道的航空自卫队千岁基地，将使用单独建设的本地5G电波。实验将利用小型无人机、无人车辆代替自卫队员进行基地警备工作，利用人工智能分析传感器图像，旨在解决自卫队人员不足的问题。

7月30日，美国与印度两国签署空射无人机项目协议。美国空军研究实验室、印度空军和国防研究与发展组织，将在设计、开发、演示、试验与鉴定系统方面进行合作，研发一种新型空射无人机，用于全天候、远程成像与扩展距离通信。项目第一阶段将进行概念设计验证工作，随后开发新型空射无人机系统以满足美国和印度空军的作战要求。

7月，英国公布《英国创新战略：创造未来以引领未来》。该战略重点关注英国如何通过充分利用研发和创新体系来支持私营部门创新，通过加速创新提高英国经济生产率。

7月，美国海军部发布《智能自主系统科技战略》。该战略设定了未来10年智能自主系统发展愿景与战略目标，提出相关战略投资管理流程、渐进性和颠覆性能力采办方法等举措，有望推动美国海军部大幅提高智能自主系统创新的速度和规模，对发展自主无人系统、加速智能海战场建设具有关键引领作用。

8月

8月2日至27日，美印太司令部举行2021年"大规模全球演习"。参演兵力包括美国陆军、空军、海军和海军陆战队，以及英国武装部队、澳大利亚国防军和日本自卫队。演习内容包括实地训练、后勤保障活动、两栖登陆、空中和地面机动、空战、海战和特种作战行动。演习旨在增强美军与盟友的互操作性、增进信任和共同理解，以更好地应对安全挑战。

8月4日，美参议院商务、科学与运输委员会批准两项法案：一是《2021年安全设备法案》，将指示联邦通信委员会不再向华为、中兴通讯等公司审查或发放新的设备许可证，确保不可信通信设备不被授权在美国内使用，以保护国家安全；二是《复合材料标准法案》，旨在促进复合技术的采用，将指导美国家标准与技术研究院建立数据交换中心，传播在基础设施中应用复合材料技术的指南。

8月5日，美国政府启动保护关键基础设施行动倡议。美国国土安全部下属机构网络安全和基础设施安全局（CISA）宣布启动"联合网络防御协作"机构的行动倡议，旨在保护关键基础设施免受勒索软件和其他网络威胁的侵害。参与机构包括国防部、国家安全局、司法部、联邦调查局、网络司令部和国家情报总监办公室，首批加盟的行业合作伙伴包括微软、谷歌云、亚马逊网络服务等知名企业。

8月5日，美国网络安全与基础设施安全局成立联合网络防御合作组织（JCDC）。联合网络防御合作组织将开发网络规划与演习能力，以保护美国免受恶意网络攻击，确保政府有效利用网络防御工具；整合公共和私营部门的网络防御行动，以及联邦政府内部行动，在威胁出现之前制定防御措施；提高应对网络威胁的综合态势感知能力。

8月6日，意大利国防部发布《2021—2023年国防规划文件》，透露了多个国防科技项目，包括对基于湾流G550的多任务飞机进行改装、欧洲中空长航时无人机，用于突击队和武器化任务，以适应不断变化的任务场景，提高持续监视能力。

8月5日至8日，美、日、澳三国海军举行"盟国联合作战问题"演习。通过一系列演习场景，验证多域作战概念，提高指挥官决策能力和各部队的协同作战能力。参演单位包括美国海军"美国"号远征打击群、海军陆战队第31远征部队，澳大利亚海军"堪培拉"号两栖攻击舰、"巴拉纳特"号护卫舰，以及日本海上自卫队"秋月"号导弹驱逐舰。演习内容包括海上机动、海上油料补给、直升机跨甲板起降等。

8月9日，美国将建造首个高超声速地面试验中心。美国普渡大学在高超声速飞行峰会上宣布，将在普渡航天区建成美国首个高超声速地面测试中心。该中心将提供多个测试间和实验室的设施共享，以支持工业界伙伴进行马赫数3.5~5.0或马赫数4.5~7.5范围内的试验；可支持多家企业同时开展高超声速工作,并充分保护知识产权及机密内容。

8月10日,美国海军大力推进超越计划。超越计划旨在打造一个由传感器、有人平台、无人平台及武器组成的无缝网络,为指挥官提供决策优势。该计划在美国海军优先事项中仅次于建设"哥伦比亚"级弹道导弹潜艇,目前有3项机密研发用于支持该计划发展。海军陆战队最近发起多项挑战赛,将专注于探索新的网络技术与开发人工智能系统,也将支持"超越计划"的发展。

8月11日,美国太空军计划成立中央太空军司令部。中央太空军司令部负责协调中东地区的太空军事资产,补充空军在中东的作战组织,响应作战指挥官执行日常任务的要求,提升太空作战弹性,为今后建立同类单位奠定基础。

8月13日,美国太空军将太空与导弹系统中心(SMC)更名为太空系统司令部(SSC),主要负责太空军装备与技术的开发、采办、部署及保障,军用卫星星座及其他太空系统的发射运营、在轨检测、开发测试、保障与维护等。太空系统司令部下设4个计划执行办公室,分别负责研究开发项目、生产项目、发射项目和复杂体系项目。太空系统司令部拥有约6300名军人、文职和合同制员工。

8月17日至23日,美、英、日海军举行"诺贝尔联盟"演习。旨在验证"远征前沿基地作战"概念,提高两栖作战能力,巩固美国与盟国的合作。这次演习主要演练情报监视与侦察、舰艇机动、空中打击、火力支援协调等,以验证海军作战概念的有效性,支持海上防御与舰队机动,向未来"2030部队设计"与试验工作提供信息支持。

8月21日至29日,美、日、印、澳在关岛海域举行"马拉巴尔2021"演习。参演兵力包括美国海军3艘军舰、P-8海上侦察机、反潜直升机及特种部队；印度海军"蓝维杰伊"号驱逐舰、"什瓦利克"号护卫舰、P-8I海上侦察机、反潜直升机和特种部队；日本海军3艘水面作战舰艇、1艘布雷艇、海上侦察机、反潜直升机和特种部队；澳大利亚海军1艘舰艇、1架反潜直升机和特种部队。演习内容包括两栖作战、实弹作战和反潜战演练。

8月22日至28日，在俄罗斯莫斯科附近举行军队"2021"国际军事技术论坛上，国防部、军种、军工联合体等开展前沿技术和武器装备创新研讨。俄国防部副部长向列克谢·克里沃鲁奇科表示，俄罗斯国防部已完成武器采购的目标，俄罗斯军工联合体的27家企业共获得了军品5000亿卢布的合同。

8月23日，美国太空军建立第三个司令部——太空训练与战备司令部。该司令部总部位于科罗拉多州的太空军彼得森基地，负责太空军的作战理论、作战概念、军事训练、测试和教育培训等工作。

8月23日，美国与新加坡加强战略伙伴关系。美国白宫发布声明加强美国与新加坡的战略伙伴关系，主要内容包括：在金融、军事领域和区域能力建设方面加强网络安全合作；深化并创新供应链合作伙伴关系，加强数字经济、能源和环境技术、先进制造业等方面的合作，提高供应链弹性；应对共同的安全挑战，维护地区和平、安全与稳定，包括在新加坡轮换部署美国P-8飞机和近海战斗舰；加强探索太空国际准则等。

8月24日，美国陆军发布新版FM3-12条令《网络空间作战与电磁战》。该条令取代了2017年版FM3-12条令《网络空间与电子战行动》，为大国竞争背景下陆军网络空间作战与电磁战的协调、集成、同步提供战术和流程规范，为陆军多域作战理论下的统一陆上作战和联合作战提供支撑。

8月25日，美国国防部成立零信任管理团队。美代理首席信息官约翰·

谢尔曼宣布,国防部在 2021 年秋成立新的组合管理团队,以监督零信任架构的实施。新团队将与国防信息系统局合作,研究一项实施零信任的关键技术,即企业级身份、认证和访问管理工具。

8 月 26 日,美国政府在白宫召开网络安全峰会。峰会召集苹果、亚马逊、Alphabet、微软、摩根大通及美国银行等多家公司和机构的首席执行官参加,旨在提高政府、关键基础设施和私营部门的网络安全标准,讨论政府同私营部门合作改善国家网络安全的途径。峰会期间,多家公司和机构承诺与政府部门合作,增加对网络安全和教育的投资。

8 月 27 日,美国白宫发布备忘录促进新兴科技发展。主要包括:应对和预防新冠疫情,应对气候危机,加强新兴与关键技术的研究与创新,利用创新促进公平,保障国家安全与经济弹性。备忘录呼吁各机构开展合作,促进公私伙伴关系、研究与创新,以支持人工智能、量子信息科学、微电子、先进通信技术、机器人、高性能计算、生物科技和太空技术。

8 月 30 日,美国太空军成立"熔炉"创新小组。美国太空军在佛罗里达州帕特里克基地成立第一支"熔炉"创新小组,旨在作为一项创新计划,使作战人员能够针对其组织内在的问题进行探讨和研究并生成本地解决方案,同时帮助美国太空军和空军建立广泛的专家网络,培养创新文化。"熔炉"创新小组可为士兵和飞行人员加速提供作战所需工具,参与者涵盖了美国太空军的各个机构和部门。

8 月,日本发布《科学技术指标 2021》。将科技活动分为 5 大类,分别为"研发经费""研发人才""高等教育与科技人才""研发产出""科技创新",通过约 160 个指标反映了日本及中国、美国、英国、德国、法国和韩国的情况。中国科技实力不断提升,多项指标已经跃居世界第一或第二的位置。

8 月,日本防卫省加强对太空等新领域的部队建设。8 月 22 日,日本防卫省明确将新建航空自卫队"第2太空作战队",以监视对日本卫星的干扰。而在电磁领域,将在日本西南地区鹿儿岛县川内驻地新设陆上自卫队"电子战部队"。在网络领域,将为网络防卫相关部队增员80人。

8月20日,日本防卫装备厅确定大幅增员,计划在2022财年增加100多人,以防止日本国防产业衰退,利用官民合作,继续自主开发并生产国产装备。目前防卫装备厅的事务官员、技术官员、自卫队官员共计1820人。

8月30日,美国国防部成立供应链弹性工作组。旨在解决目前限制供应链可见性的系统性障碍,评估弹性并制定有效的缓解措施。2月,美国总统签署行政命令指示政府全面审查美国关键供应链,以确定风险、解决漏洞,制定促进复原力的战略。该工作组提供制定框架和积极战略的机制,以更好地保护供应链。

8月,美国国防关键供应链工作组发布建议。美国国防关键供应链工作组在对国防部供应链威胁和漏洞进行数月的审查后,发布最终报告,称新冠疫情削弱美国供应链,对美国经济和国家安全构成风险,对手国家有能力将供应链漏洞武器化。报告责成国防部建立全面战略,降低工业基础供应链中的风险;确保国防部对国防供应链具有可视性,了解漏洞,并制定风险缓解战略;减少对中国和俄罗斯等对手在资源和制造业上的依赖;国防部与工业界、学术界合作,促进美国人才队伍教育和培训。

8月12日,美国陆军实验室启动分布式虚拟试验场。该试验场由陆军作战能力发展司令部、陆军研究实验室研究人员开发,支持虚拟同步、多地点实验,为未来战场提供了一个透明的共同作战试验环境,将学术研究成果转移至战场实验的时间从数周、数月,缩短为几天或几小时。

8月11日,美军使用数字工程方法设计导弹预警卫星。美国航天与导弹系统中心已授予雷声技术公司、千禧航天系统公司合同,使用数字工程方法设计 OPIR 卫星，并验证卫星能否在中地球轨道有效运行。中地球轨道架构将提高卫星系统的探测范围和分辨率，提升系统弹性、降低成本。使用数字工程方法，可在高保真环境中更准确地展示卫星在轨工作方式，便于在仿真环境中进行试验。

8月31日，法国、德国和西班牙签署"未来空战系统"协议。法国、德国和西班牙 3 国国防部长签署了关于"下一代武器系统/未来空战系统"的第三个实施协议，该协议重申 3 国将继续共同开发新一代空战技术，以应对未来的威胁与挑战，涵盖新一代战斗机、远程载具、忠诚僚机和空战云网络化作战空间。

8月，美国海军在夏威夷的太平洋地区网络作战中心部署"应用软件兵工厂"，作为"对位压制软件兵工厂"的关键组成部分。系统管理员和操作员可利用该工具，快速地远程搜索、发现、下载、安装、管理所选平台的应用程序，将加快向舰队交付新能力和软件更新的速度。同月，美国海军还在"林肯"号航母上测试了"应用软件兵工厂"，成功从"应用软件兵工厂"中下载应用程序，安装至"航母综合海上网络和企业服务"（CANE）的应用管理环境中。

8月，空军创新工场设立太空创新工场，以加速太空技术的探索和应用部署，推进太空技术创新发展与转化应用。

9 月

9月2日，英国国防部发布《融合作战概念》。该概念的中心思想是运用军事手段在战争阈值以下竞争，采用更广泛的政治手段和可靠的军事手段获得优势，通过更广泛的融合实现优势最大化，包括多作战域融合；跨政府机构和跨行业融合；广泛的国际参与；在全球展示国防和国家复原力；

利用人工智能、物联网等技术促进信息优势，支持一体化全球竞争。

9月2日，DARPA推进地缘政治影响检测工具项目。DARPA宣布已选定大学、科技创新企业组成的5个科研团队进行地缘政治影响检测工具项目研究，旨在构建自动化工具和技术，帮助分析人员在线检测、跟踪和描述地缘政治影响活动，研发用于在线检测信息传递工具中地缘政治影响指标的工具；确定与地缘政治影响有关的人口和心理特征；开发人机界面数据建模工具，协助对比地缘政治影响活动模型；建造试验台，提供数据源，帮助研究团队评估开发的工具；设计并执行技术评估，提供评估数据，并支持技术转化评估活动。

9月3日，美国空军研究实验室采用数字工程模式开发制造技术，推进数字化百系列工作。美国空军研究实验室宣布，其航空航天系统部成功演示了采用增材制造技术的飞机机翼多材料共形控制面，并获得一项机翼控制面技术专利。该控制面设计方法可快速应用于下一代飞机平台快速切换气动伺服弹性风洞模型，以加深对机翼共形控制面的技术理解。同时，团队采用的数字工程模式也使飞机控制面设计更智能、高效，有助于实现美国空军"数字化百系列"目标。

9月5日，日本防卫省防卫装备厅重视试验评估设施建设。日本防卫装备厅"舰艇装备研究所岩国海洋环境试验评估设施"举行启动仪式。目前防卫装备厅正着力发展可远程探测水下障碍物、用声波探测对手鱼雷的水下无人装备，该设施拥有大型船模试验水池等设备，可用于水下无人装备的研发与测试。此外，高校、研究机构、民营企业可基于"防卫装备厅受托实验研究""安全保障技术研究推进制度"等制度，使用该设施评估民用水下无人技术。

9月8日，欧盟发布年度战略展望报告《欧洲行动能力和自由》，对欧盟"开放战略自主"提出了前瞻性和多学科的观点,并指出欧盟正在争夺标准制定方面的先行者地位,以抢占诸如人工智能、区块链、量子、网络安全、太空领域等新兴技术的制高点,同时为欧盟继续支持预防性外交提供支撑,要发展和留住符合欧盟目标的人才。

9月10日,空军推进创新能力快速转化。美国空军部首席架构师普雷斯顿·邓拉普表示,空军2022财年技术开发工作的重心,是将技术快速转化为支持太空司令部、印太司令部的作战能力。空军将进行部队整合演习,以试验新技术和作战概念。

9月13日,美国导弹防御局增强建模与仿真能力。美国导弹防御局向C3.ai公司授出合同,以推动导弹防御局的人工智能开发计划,重点在于将人工智能应用于数字工程计划,如实验设计、场景模拟与生成建模。该公司的建模程序可帮助导弹防御局在几分钟内创建数以万计由人工智能生成的弹道,能在训练数据与物理规则较少的情况下,快速生成大型导弹弹道数据集。该公司的人工智能应用开发环境,能够大幅提高导弹防御系统创建、部署、系统集成和全寿命管理能力。

9月14日,美国国防部重启国防业务委员会。美国国防业务委员会正式重启,新任主席德博拉·詹姆斯宣誓就职。该委员会是美国国防部最具影响力的咨询委员会之一,负责向国防部长及其他高级国防官员提供业务管理方面的独立建议。自拜登政府上台后,美国国防部所有咨询委员会的运作均已暂停,经过数月评估,该委员会成为首个重启机构,将重点关注业务转型、业务流程以及人才与人力资源问题,还将对国防部推动小企业与大公司合作的"门徒计划"进行评估。

9月16日,美国、英国、澳大利亚组建国防与安全伙伴关系联盟。通过联盟,美、英、澳结成国防与安全伙伴关系,进一步整合国防相关科技、工业基础供应链，保护英、美、澳在印太地区的共同利益。澳大利亚海军已确定了几个联盟项目，包括采购核动力潜艇，为"柯林斯"级潜艇舰队延寿，升级"霍巴特"级驱逐舰的作战管理系统等。

9月15日至11月下旬，日本举办规模庞大的陆上自卫队演习。日本陆上自卫队全部队员将参加旨在应对中国海洋行动、强化日本西南诸岛防卫能力的演习，这也是自1993年来日本陆上自卫队举办的最大规模演习。此次演习动员兵力10万人、军车2万辆、飞机120架，演习地点涉及北海道、东北地区、四国地区、九州地区等，将对物资装载、队员及装备运输、建设通信基础等内容进行训练，民间运输、海上自卫队、航空自卫队以及在日美国陆军将提供支援。

9月24日，美、日、印、澳四国将展开针对中国的多领域合作。美、日、印、澳在美国华盛顿举行首脑会谈，四国明确在海洋安全保障方面将"应对包括东海、南海在内的海洋秩序挑战"；在人工智能、5G等先进技术方面合作，获得技术开发与规则制定的主导权；分析四国半导体生产、供应链的弱点以提高采购稳定性，紧密合作构建更安全的5G通信网；在太空方面共享地球观测卫星图像数据以应对气候问题，在太空监视海洋领域进行合作；网络方面将定期召开四国领导人会议，共同应对针对重要基础设施的网络攻击，合作制定安全标准、开发软件、培育人才。

9月27日，英国发布《国家太空战略》，阐述了将英国建设为最具吸引力的创新型太空经济体长期愿景，提出通过启动数十亿英镑规模的太空产业计划，并结合民用和国防太空活动，保护英国的国内与国际利益。该战略以打造"太空大国"为目标，筹谋太空军事能力建设，提出国防太空能力发展八大优先事项，与盟友深化太空领域军事合作，搭车美国发展太空能力意图明显，对全球太空安全格局产生重要影响。

9月28日，美国国防部研究与工程副部长详述优先发展事项。徐若冰表示国防部研究与工程副部长办公室将重点发展人工智能与量子计算等商业领域的创新技术，并加强与小企业的合作；将优先发展工业界的突破技术，利用弹性网络、安全指挥控制系统、可信的人工智能和量子计算领域的新能力，提高无人平台的可信度与自主性、破解加密系统、支持战场虚拟训练与行动、进行分布式作战等。其他领域还包括定向能和可信的软件工具。

9月，美国空军建设高级兵棋推演实验室。美国空军研究实验室将在科特兰空军基地修建兵棋推演和高级研究仿真实验室。该实验室将以最先进的仿真和分析能力，为空军研究实验室在科特兰空军基地的定向能和航天器部提供支持；可提供虚拟技术与能力，使作战人员能在演习中使用定向能技术，并允许对所有战争领域的太空技术进行分析。

9月，美国海军陆战队建设兵棋推演中心。该中心可举行数百人规模的兵棋推演，能同时模拟多个不同场景，从传统桌面演习转变为模拟环境中的3D作战兵棋推演，并在虚拟战斗中演练新概念、新战术、新武器。现实世界的情报能为推演提供背景环境，科技专家将协助明确对手在作战场景中使用的武器装备，参演人员可通过图像与建模技术明确面临的挑战。该中心预计2023年竣工，2024年开放，2025年具备全面作战能力。

9月，日本防卫省计划发掘民用尖端技术转化应用于装备。日本防卫省计划在2022年推进"游戏规则改变者"技术早期实用化的工作，并为相关计划申请了93亿日元（8400万美元）资金。防卫省将发掘日本重工、电机、电子零件制造商的自有尖端技术，向研发小型大输出功率电源、高精度传感器等相关技术的民营企业提供研发经费，在2~3年内选出几项技术，加速装备研发。企业提交申请后，技术筛选工作将交由防卫装备厅进行。

10 月

10月12日，美国国防创新小组改善国内小型无人机工业基础。国防创新小组将向多家公司提供1400万美元拨款，以增强美国国内小型无人机工业基础，提升国家和经济安全水平。此举是国防创新小组通过"蓝色无人机"项目加速采用小型无人机工作的一部分，旨在推动国防部获取商业系统，并增强工业基础，防止供应链受到控制。

10月12日至13日，英国举办2021年"老乌鸦"协会欧洲大会，主题为"夺取电磁频谱优势的多域作战"，包含七大议题。①开幕式及主旨报告：平台、传感器与数据电子战发展范式的转变，美国欧洲司令部的联合电磁频谱作战等。②频谱优势：对敌防空压制需求，如何主宰未知的频谱，空域优势——生存力与杀伤力的使能器等。③网络电磁行动、网络与系统：伊朗网络攻击的影响和迹象，电子战与射频领域的网络电磁行动等。④测试、训练与技术领域的发展。⑤下一代空中生存能力：未来综合威胁的挑战、北约防御辅助系统平台级措施等。⑥技术发展：加强现有雷达与防御系统、对射频辐射的地理定位等。⑦电子防护：高功率射频定向能技术机遇与挑战，当前与未来作战场景中的电子攻击挑战等。

10月12日至11月10日，美国陆军组织"会聚工程"第二轮大规模作战实验，约有7000人参加，在7个设置场景中实验107种技术，重点关注在印太地区第一和第二岛链执行任务，演习中还将人工智能、自主、机器人系统进一步整合至战术编队中，检验新型部队结构作战能力。

10月18日，美国国防部通过技术实验推动科技向战斗力转化。美国国防部研究与工程副部长表示，美军计划2023财年开始开展年度大规模快速联合实验活动，为弥补联合作战能力差距设计一系列实验，通过实验评估原型样机的有效性，支持原型样机快速转化应用于作战。研究与工程副部长办公室将与联合参谋部、作战司令部和各军种合作，确定作战能力差距和可能填补这些作战能力差距的技术，与作战司令部合作，细化实验环节，促进科技成果向作战能力转化应用。

10月18日，美国海军建立特别工作组加速水面作战应用人工智能。美国海军太平洋舰队司令罗伊·基奇纳表示，太平洋舰队水面部队新成立了旨在将人工智能与机器学习技术应用于水面作战的"霍珀特别工作组"，其工作重点是利用人工智能提高战备状态和效率，未来会将人工智能技术运用于战术方面。

10月18日，美英两军在自主和人工智能领域开展合作。美国空军研究实验室与英国国防科技实验室举行会议，演示联合开发、选择、训练和部署尖端机器学习算法的能力，为两军提供支持。这项联合研究将通过广域态势感知技术，支持两军进行协作，可加速决策、加快作战节奏、减少人员伤亡风险、减轻人力负担。英美两国已签署《自主与人工智能合作伙伴协议》，旨在加速美英联合开发、共享人工智能技术和能力，推进两国全域联合指挥控制能力的联合实验。

10月19日，美国政府问责局发布报告《量子计算与通信》。从量子技术中受益的行业包括机器学习、密码学、化学和药物开发及通信等领域，决定量子技术发展的4个关键因素是人才、供应链、资金以及不同行业与国家之间的合作。报告建议，美国需建立强大的量子人才队伍，以保持在量子技术硬件和软件的领导地位；资助提供量子输入材料的设施，保持供应链的畅通；确保投入足够资金；推动学术界、工业界和政府机构间的合作。

10月20日，美国陆军发布《数字转型战略》。美国陆军首席信息官办公室正式发布该战略，寻求利用战略、政策、管理、监督和快速能力，推动陆军数字化转型、创新与变革，以建立一支多域作战部队，帮助实现2028年数字化陆军的愿景。该战略设置现代化与战备、改革、人员与伙伴关系共3个目标，确定了陆军资源优先级，并概述实现数字陆军的综合总体计划。该战略认为，陆军数字转型代表作战和文化的转变，是振兴和建设未来陆军数字化劳动力的催化剂；陆军必须跟上技术的快速变化，采用现代最佳实践，改革制度流程，不断适应和采用新的数字技术，并应用于作战任务。

10月12日，新任研究与工程副部长徐若冰阐述与中国创新竞赛中的优先事项。试验，计划启动一系列年度快速联合试验，快速部署新武器系统；降低成本，为降低武器系统的维护成本，将设立维护主管职位，发展增材制造技术，开发模块化、开放式系统以及更耐用材料；支持小企业，希望国会在提供资金方面更具灵活性，以便将研发项目推向市场；低成本高超声速武器，将帮助工业界开发低成本高超声速材料与工艺。

10月21日，英国国防与安全加速器公开征集创新提案。主要包括：①军用系统信息保障，鉴别、开发和推动全新或独特的信息保障技术解决方案；②减少网络攻击面，发展下一代软硬件技术，以查找计算机网络和系统中的漏洞；③自主弹性网络防御智能代理，研发自我防御、自我恢复概念，提供新的网络防御模式，加快应急响应速度；④模拟未来战场复杂性，使用模拟和合成环境创建训练环境，提高训练的频次、挑战性和可用性；⑤在有争议领域作战，获取稳健、有弹性的信息网络和电磁频谱能力，并能够破坏或削弱对手的能力；⑥敏捷的指挥控制，促进从传统指挥链向动态的横向网络转化，实现信息的广泛获取和共享；⑦在所有领域整合信息和实体活动，寻求可承受攻击、在降级时仍能继续运行的战地通信能力。

10月21日，北约成员国深化地面防空合作。15个北约盟国的国防部长重申对发展、获取和交付地面防空能力的承诺，以保护盟国人员、设备和设施免受空中威胁。①美国、挪威、波兰和葡萄牙加入"模块化陆基防空"项目，寻求部署用于极近程、近程和中程地面防空的模块化解决方案。该系统将围绕一个指挥控制模块构建，可连接不同发射器，具备即插即用能力。②美国、挪威和波兰加入"可快速部署机动式反火箭弹、炮弹与迫击炮弹"项目，重点关注应对此类威胁的创新解决方案。③美国、英国等6国启动"营旅级地面防空反导指挥控制能力"计划，寻求提升成员国的互操作性并提高北约地面防空部队的战备水平。

10月27日，美国太空军举办商业展览会，太空军将与工业界共享内部数字模型以加快能力建设。商业展览会重点关注太空作战分析中心的首个能力设计（涉及天基导弹预警与跟踪整体架构），向工业界解释太空军的数字化运作流程，使工业界更早加入开发。美国太空军计划精简流程，首先由太空作战分析中心利用可模拟太空环境与对手反太空威胁的高保真数字模型进行能力设计，该设计随后被传递至太空作战副部长办公室并转化为数字需求包，再传递至太空军采办部门；采办部门与工业界合作，使用数字工程创建可满足需求的太空系统模型；太空作战分析中心可与工业界共享数字模型，将其用于设计测试所需的高保真仿真，以在高保真仿真条件下观察卫星将如何在作战环境中运行。

10月至11月，美国陆军开展"会聚工程"第二轮大规模作战试验。10月12日至11月10日，美国陆军与联合部队将举行"会聚工程"第二轮大规模试验，希望通过此次试验找出可穿透高端对手"反介入/区域拒止"能力的技术，以及实施联合全域作战概念所需的新兴技术。此次试验约有7000人参加，在7个设置场景中试验107种技术，重点关注在印太地区第一和第二岛链执行任务。

10月，欧盟发布了《欧洲芯片法》，旨在提高研究、设计和测试能力，确保国家对芯片技术的投资与欧盟的总投资相协调。

11月

11月4日，美国国防部发布"网络安全成熟度模型认证"2.0，以确保国防工业部门更好地保护其网络和受控非密信息，免遭来自对手的网络攻击及窃取。对比2020年发布的首版"网络安全成熟度模型认证"，新版网络安全计划的主要内容包括：简化标准，最小化合规障碍，进一步明确监管、政策及合同要求，加强国防部对评估系统专业及道德标准的监管，提高项目的可执行性。新版网络安全计划将极大增强国防工业基础的网络安全。

11月4日，美国国防部采办与保障副部长办公室发布国防部5000.91指示《适应性采办框架产品保障管理》，对国防采办中的产品保障管理进行专门规范。具体而言，一是为适应性采办框架下的产品保障管理制定政策、明确责任、细化程序，以将产品保障因素及早地纳入需求制定和采办流程中，实现有效且高效的武器系统能力与寿命周期管理；二是为项目主任、产品保障经理及寿命周期后勤人员规定了执行适应型采办框架顶层政策的相关程序，以使其重视保障、做出数据驱动的决策和定制产品保障解决方案。

11月10日，美国政府问责局发布报告《导弹防御：近期的采办政策变更平衡风险与灵活性，但应采取行动完善需求流程》。报告指出，虽然国防部整体上满足国会制定的改变导弹防御无标准采办流程及职责这一法定要求，但其并没有完全将系统的能力与用户的需求进行匹配，认为国防部应完善导弹防御项目的需求流程。

11月，美国国防部创新指导组创建了国防部创新机构"地图"，完成国防部研究实验室和试验靶场等基础设施评估，为深入推进国防部科研体系调整奠定基础。

12月

11至12月，美国太空军启动"2021超越太空挑战赛"。美国太空军选择13家初创企业和11所大学参加"超越太空挑战赛"，以加速太空军的创新，推进基于地球和太空的解决方案，改善太空作战。挑战赛于12月2日展示参与者的解决方案并宣布获胜者，主题领域包括精确跟踪轨道碎片的解决方案、应用机器学习提高对太空物体的理解和实时感知、开发微重力环境的商业和军事应用、用于敏捷全球物流的火箭货运技术、用于定位和电磁场探测的量子传感、在轨服务/装配/制造。

12月，美国空军数字化转型办公室召开协同工作会。该办公室以"元宇宙"（Metaverse）的形式，在线组织召开首次数字化转型协同工作会，聚焦采办文化转型，宣称将以数字强基、数字优先、数字增效为宗旨，制定空军的数字采办转型路线图，支撑实现数字军种愿景。

12月，美国国防部设立首席数字与人工智能官办公室。12月，美国国防部常务副部长发布《设立首席数字与人工智能官》备忘录，宣布将于2022年2月1日正式在国防部设立直接向国防部常务副部长汇报工作的首席数字与人工智能官，负责整合国防部数据、人工智能及数字技术领域相关工作，统筹协调首席数据官办公室、联合人工智能中心和国防数字服务处等机构的相关职责与任务，改变这三个机构独立运行、各自为政的现状；对国防部和各军种联合全域指挥与控制（JADC2）相关计划和项目进行顶层设计，通过构建通用数据架构、开发环境和部署环境，实现不同数据源的互联、互通、互操作。首席数字与人工智能官的设立将加强美军数字化转型的顶层谋划，实现从作战指挥、建设管理到顶层决策的全面数据化和智能化，进一步提升美军作战竞争优势。

12月，日英两国达成联合研制下一代战斗机发动机协议。日英两国签署联合研制下一代战斗机发动机合作备忘录，于2022年初合作研制发动机的原型样机，将应用于英国有人战斗机和日本下一代隐身战斗机。两国通过合作研制，将进一步降低成本，扩大军事技术合作范围。